문화 이해를 통한
영어교육

문화 이해를 통한 영어교육

한호 · 박정식

한국문화사

문화 이해를 통한 영어교육

1판 1쇄 발행 2020년 12월 25일
지 은 이 한호 · 박정식
펴 낸 이 김진수
펴 낸 곳 **한국문화사**
등   록 제1994-9호
주   소 서울특별시 성동구 아차산로 49, 서울숲코오롱디지털타워 3차 404호
전   화 02-464-7708
팩   스 02-499-0846
이 메 일 hkm7708@hanmail.net
홈페이지 http://hph.co.kr

책값은 뒤표지에 있습니다.
잘못된 책은 구매처에서 바꾸어 드립니다.
이 책의 내용은 저작권법에 따라 보호받고 있습니다.

ISBN 978-89-6817-945-7 93370

서문

:: 서문

언어의 장벽이 무너지고 있다. 세계 각 지역의 고유한 언어가 소통과 교류의 장벽이던 시절이 있었다. 그러나 영어가 국제어로 등장하였다. 각 지역의 언어를 학습할 필요가 줄어들었다. 영어, 하나의 언어로 소통을 하고자 하는 무언의 동의가 이루어졌다. 이제 다른 의미로 언어 장벽이 무너지고 있다. 과학 기술의 발달로 자동 통번역이 가능해지고 있다. 앞으로 가까운 장래에 거의 완벽한 자동 통번역이 가능해질 것이다. 이는 전 세계인의 소통과 교류를 활성화 할 것이다.

자동 통번역 시스템은 언어의 장벽만을 직접적으로 제거할 수 있을 뿐이다. 사람이 사람을 알아간다는 것은 매우 복잡한 과정을 거친다. 언어만이 변수가 아니다. 물론 언어가 그 과정의 중요한 매개체이다. 소통과 교류는 이해와 신뢰 구축과정이다. 이해와 신뢰를 위해서는 상대방의 경험, 생각, 일상 패턴을 공유해야 한다. 문화란 그런 과정을 경험하는 데에 접점을 제공하는 개념이다. 이를 개인에서 집단으로 확대해보자. 집단 간의 소통과 교류는 서로의 문화 이해 과정이 필수적이다. 그리고 개인은 언어 구사 능력뿐만 아니라 소통지능을 갖추어야 한다. 소통지능은 경험과 훈련을 통해 높아진다. 문화 간의 소통지능을 높이기 위해 많은 문화를 경험해야 한다.

이제 외국어 교육은 언어 장벽 제거가 목적이 아니다. 외국 문화 이해가 목적이고, 문화 이해를 바탕으로 한 소통이 목적이다. 따라서 문화 이해를 중심으로 한 외국어 교육이 이루어져야 한다. 영어교육도 마찬가지이다. 영어권 국가를 중심으로 국제화가 이루어졌다. 여러 면에서 문화가 유사해졌다. 하지만 그래도 유사함 속에 차이가 있다. 차이는 갈등과 오해의 여지를 만든다. 이 책은 문화 소재를 중심으로 영어를 교수·학습하는 이론과 방법에 관한 책이다. 1장에서는 문화에 대한 일반적인 개념들을 소개한다. 2장에서는 언어와 문화 간의 관계를 다룬다. 3장에서는 문화 간 의사소통에 대해 논의한다. 4장에서 이 책에 영감을 준 Moran(2001)에서 정리한 외국어 교육에 있어서 문화의 의의를 소개한다. 끝으로 5장에서는 간략히 정리한 20개의 문화 소재 영어 수업활동을 제공한다. 이 책이 영어나 외국어를 가르치는 교사들과 미래의 교사들에게 도움이 되길 바란다.

본 저서가 나올 수 있게 도움을 준 분들이 있다. 경기도 교육청 영어교사 연수에 참여한 교사들, 그리고 아주대학교 교육대학원 영어교육전공 개설 <영미문화> 과목을 수강한 대학원생들에게 감사를 표한다. 몇 년간 그들과의 수업에서의 상호작용과 활동 개발 과제 등이 본 저서에 일부 녹아들어 있다. 본 저서를 말끔하게 다듬어 준 한국문화사 편집진, 그중에서도 필자들과 직접 소통하며 많은 애를 쓰신 김태균님께 감사드린다. 끝으로 집필 기간에 많은 응원을 해준 필자들의 가족들에게도 고마움을 전달하고 싶다.

:: 문화 이해를 통한 영어교육 —— **차례**

I 문화란 무엇인가
　1. 문화의 정의__13
　2. 문화학__20
　3. 문화의 다양성 및 차별성__27

II 언어와 문화
　1. 언어 기호__39
　2. 언어와 사고__45
　3. 언어 행위__50
　4. 서사(敍事) 행위(Story-Telling)__58

III. 문화 이해
　1. 문화간 소통__69
　2. 문화이해__74
　3. 문화 간 의사소통능력의 발달 __80
　4. 문화적응__88

IV. 문화 중심 외국어 교육
　1. 외국어 교육에서의 문화 __95
　2. 문화산물__101
　3. 문화행위__111
　4. 문화의식__120
　5. 문화집단과 개인__125

6. 언어, 문화 공유의 매개체_133

V. 문화 소재 영어 수업활동

참고문헌_167
찾아보기_173

■ 표 목차
〈표 1.1〉 문화 속성__17
〈표 1.2〉 홉스테드 구분에 따른 대조__34
〈표 2.1〉 언어 활동 요소와 기능__42
〈표 2.2〉 할러데이의 언어기능 예시__43
〈표 3.1〉 문화동화 단계__90
〈표 4.1〉 학습 동기의 분류__95
〈표 4.2〉 시나리오 분석 관점__116
〈표 4.3〉 의사소통 방식(Moran, 2001:66)__119
〈표 4.4〉 문화의식 The American Dream__120
〈표 4.5〉 동일문화권 내의 지각의 차이 예시__124
〈표 4.6〉 문화행위에서 발생하는 언어 행위__134

■ 그림 목차
[그림 2.1] 순서와 계열 관계 예시__41
[그림 2.2] 언어 활동 요소 단계__42
[그림 2.3] 대화 전개 단계__56
[그림 3.1] ICC 모델(Byram, 1997:73)__72
[그림 3.2] 피라미드 모델(Deardorff, 2006:254)__75
[그림 3.3] 소통 과정 모델(Deardorff, 2006:256)__76
[그림 3.4] 문화 구성 요소의 작용__89
[그림 3.5] 스트레스-적응-성장 모델(Kim, 1988:59)__91
[그림 4.1] 문화 경험 범주 및 성과__98
[그림 4.2] 경험적 학습의 순환 단계__98
[그림 4.3] 경험의 지각과 처리 과정__99
[그림 4.4] 문화 빙산(Moran, 2001:28)__100

I
문화란 무엇인가

- 문화의 정의
- 문화 분류
- 문화학
- 문화의 다양성 및 차별성

I. 문화란 무엇인가

1. 문화의 정의

이 세상에서 우리가 지각하는 모든 것들은 존재 그 자체가 실존의 표상이 되며, 그것들의 표면적인 행동과 양태, 그리고 때로는 심층의 추상적 영역에서의 해석 가능한 가치 체계들을 통해 우리는 존재의 정체성을 파악한다. 개별 존재는 다른 존재와 동일할 수 없는 정체성을 가진다. 예를 들어, 어떤 공장에서 똑같은 공정을 통해 생산된 나무상자들은 표면적으로는 같은 형태를 보이지만, 그것들이 활용되는 과정은 제각기 다르며, 똑같은 기능을 수행한다고 해도 시공간적인 면에서 차이가 있다.

존재하는 모든 생명체는 본능을 따른다. 생물학적 본능의 핵심은 살아남아서 세대를 이어 종족을 유지하고자 하는 것인데, 이를 종족 보존과 번식이라고 규정할 수 있다. 즉 인간을 포함한 생물들은 태어나면서부터 이 본능에 지배를 받으며, 여기에 관여되는 것이 본능 충족의 잠재적 장애에 대한 불안감이다. 불안감은 자연을 포함한 생명 유지 환경에 대한 분석과 분석 결과에 기반한 계획, 그리고 경험을 토대로 한 장애 극복 노력 등을 통해서 치유된다. 이 과정에서 인간은 혼자이기보다 함께 소통과 협상을 통해 관계를 구축하고, 집단화된 단위에서 더욱 안전을 확보할 수 있으므로, 이를 불안감 극복의 주요한 수단으로 삼게 된다. 즉 인간은 경험과 지식의 공유를 통한 사회화 과정에서 공통된 정서와 제도, 관습 등을 만들어 내는데, 이를 '문화'라는 용어로 표현할 수 있을 것이다.

이와 같이 문화는 인간의 생물학적 삶을 근원으로 시작하였다. 문화를 영어로 culture라고 하는데 고대 라틴어가 어원인 이 단어는 원래 동식물을 기르고 경작한다는 것을 의미한다. 이는 생물학적 환경에서의 변화를 의미하며, 인공적인 창조와 그 결과물을 동시에 의미하는 것이다. 이후 로마의 철학자 키케로 Marcus Tullius Cicero가 인간 영혼을 경작한다는 의미로 이 단어를 사용하면서, 문화란 생물환경적 측면에서 확대되어 고상한 정신의 함양, 다시 말해서 지적 토양, 즉 교양을 쌓는 과정에서 창조된 것이라는 개념으로 발전되었다. 이렇듯 문화에 대한 서양의 전통적인 개념은 교양과 문명을 키워드로 한 인간의 정신 활동의 성과가 핵심이 된다. 따라서 예술작품이나 텍스트, 역사, 풍속, 이데올로기 등이 문화의 요소로 자리 잡았다.

이런 전통적인 개념화에서 벗어나 19세기 이후로 우리의 삶 자체, 즉 인간의 생활이 문화 정의의 중심이 되기 시작했는데, 이런 시도는 에드워드 타일러 Edward Tylor의 문화에 대한 정의에서 다음과 같이 잘 나타난다.

> "문화는 지식, 신념, 예술, 도덕, 법률, 관습, 그리고 기타 인간이란 존재로 사회 구성원으로서 습득한 능력과 습관을 포함하는 복합적 총체이다."[1]

테일러의 정의는 문명이란 관점에서의 문화와 인류라는 관점에서의 문화를 통합한 정의라고 볼 수 있다.

한편 레이먼드 윌리엄스 Raymond Williams는 그의 저서 <장구한 혁명 The Long Revolution>에서, 문화의 정의를 내리는 데 있어서 세 가지 영역으로 접근할 필요가 있다고 주장하였다.

- 문화는 보편성에 기반한 이상적인 가치로서 삶의 방식이다.
- 문화는 위와 같은 삶의 방식이 기록되고 공유되는 것이다.
- 문화는 삶의 방식과 그것에 내재 된 가치의 표현이다.

---

[1] "Culture… is that complex whole which includes knowledge, beliefs, arts, morals, law, customs, and any other capabilities and habits acquired by [a human] as a member of society." (Tylor, 1871, p.1)

I. 문화란 무엇인가

이 세 가지 영역은 서로 연결되어 구조화되어 있으며, 우리가 문화를 실체로서 파악한다는 것은 이 세 가지 연결체를 지각하고 분석하며 해석하는 것이다. 세 영역에서 공통으로 추출되는 표현은, '삶의 방식', '공유', '가치'이므로 이를 종합하면 특정한 집단의 공유된 삶의 방식 및 가치 체계를 문화라고 볼 수 있다.

앞서 소개한 문화의 정의를 상술하기 위해, Moran(2001)의 정의를 소개하면 다음과 같다.

> "문화란 집단의 변화하는 삶의 방식으로서, 공유된 일련의 산물(product), 그리고 그것들과 연관된 공유된 관행(practice)의 집합이며, 세상에 대한 관점(perspective)을 기저에 담고 있고 특정한 사회적 문맥 내에서 형성된다."[2]

이 정의에서 핵심은 문화를 파악할 수 있게 하는 매개인데, 그것들은 산물, 행위, 의식 등이다. 앞서 소개한 레이먼드 윌리엄스가 이야기한 삶의 방식을 이루는 것은 다름아닌 인간이 만들어낸 산물들과 관습적 행위이며, 또한 그가 분석한 기저의 가치 체계는 문화적 관념에 기초한 의식이라고 할 수 있으므로, 그의 논지는 위 정의와 유사하다고 할 수 있다.

기어트 홉스테드 Geert Hofstede는 문화 간의 비교 및 상호작용의 영역에 관심을 갖고 다음과 같이 문화를 정의하였다.

> "문화란 정신 속에 담겨있는 집합적 프로그래밍으로서, 사람들로 이루어진 하나의 집단이나 범주의 구성원들을 다른 집단이나 범주의 구성원들

---

[2] "Culture is the evolving way of life of a group of persons, consisting of a shared set of practices associated with a shared set of products, based upon a shared set of perspectives on the world, and set within specific social contexts." (Moran, 2001, p.24)

과 구별해주는 것이다."3)

　　Hofstede(1984/1991)는 약 6년간에 걸쳐 53개국의 IBM 직원들을 대상으로 한 통계 분석 연구에서 문화권 간의 유사점과 차이점을 파악했고 문화 간 대조의 기준이 될 수 있는 차원으로, 권력 관계에서의 거리, 집단주의 대 개인주의, 여성성 대 남성성, 불확실성 회피, 장기(미래)지향 대 단기(현재/과거)지향 등 다섯 가지를 제안했다.4)

　　문화의 정의를 대략적으로 알아보았으나 앞서 말한 대로 문화에 대한 보편적인 정의를 내리기란 쉽지 않다. 필자는 앞서 소개했던 문화의 정의들을 토대로 다음과 같이 문화를 정의하고자 한다.

"문화란 인간의 사회화 과정에서 학습되고 축적되어 공유된 행동방식, 가치관, 감성체계의 복합적 작용 양상과 그것의 결과물이다"

　　위 정의에서 특정 집단 내에서 공유된 양상들이 그 집단의 구성원들과 다른 집단의 구성원들을 구별하는 경우 그 집단의 문화로 규정할 수 있다. 또한, 위 정의는 다음과 같은 문화의 일반적인 속성들을 잘 설명하고 있다.

---

3) "Culture is the collective programming of the mind which distinguishes the members of one group or category of people from another." (Hofstede, 1984, p.51).
4) 이 다섯 가지 영역은 3절에서 자세히 살펴보기로 한다.

〈표 1.1〉 문화 속성

문화 속성	내용
공유	개인이 갖는 독특한 정체성도 개인의 '문화'라고 할 수 있지만 기본적으로 문화는 둘 이상의 사람에 의해 공유되어 집단성을 지녀야 한다.
학습	인간은 성장하면서 점차 본능적인 행동보다는 사회화 과정에서 학습된 행동에 의존하게 되는데, 이 과정에서 문화를 경험하고 학습하게 된다.
축적	일정기간 공유된 문화가 세대를 거쳐 축적되는데, 이 과정에서 해당 문화는 물리적, 사회적 환경에 따라 남겨지거나 소멸될 수 있다.
변화	문화는 정체되어 있지 않고 공유기간이나 전수기간 모든 과정에서 끊임없는 변화를 겪고 환경에 따라 다른 모습을 지닐 수 있다.
통합	문화를 구성하는 요소들은 상호 연결되어 통합된 체계를 구축하여 유지되며 어떤 문화 요소도 혼자만의 존재로 해석이 될 수 없다.
사회	문화는 사회를 규정하는 특징이며, 사회화 과정이란 그 사회의 문화를 학습하고 사회 구성원으로서 사회의 안정에 이바지하게 되는 과정이다.
생활	문화는 우리가 살아가는 일상의 삶 속에서 만들어지고 공유되고 축적되며 변화한다.

다음에서는 문화를 바라보는 사회학적 관점에서 문화란 무엇인가에 대한 답을 내놓는 세 가지 이론적 배경을 소개하고자 한다. 이 세 가지 이론들을 참고하여 독자들도 나름대로 문화에 대한 정의를 내리는 것이 보다 의미있는 일일 것이다.

기능주의 이론

기능주의(Functionalism)는 사회를 구성하는 각각의 요소들이 나름대로 기능을 수행하여 사회 체제를 만들어낸다고 주장한다. 이 과정에서 사회는 문화를 기반으로 존재를 하는데, 그 이유는 사회에서 벌어지는 모든 일이 문화 규범의 지배를 받기 때문이다. 사회 구성원들은 사회활동을 하면서 가치판단을 하고, 이 과정에서 문화 규범이 작동한다. 구성원들은 집단 전체가 공유하는 가치 기준에 근거해서 사회를 유지하고 변화시키는 방식으로 그들의 욕구를 충족시킨다.

위와 같이 기능주의에서는 공유된 가치가 핵심이 된다. 예를 들어, 우리나라에서는 교육이 매우 중요한 가치로 자리 잡고 있고, 교육과 연관되어있는 문화적 요소들, 즉 각종 제도나 기관, 또는 교육과정이나 교재 등의 구성 요소가 궁극적으로 핵심가치를 지키는 방식으로 연결되고 작동된다. 기능주의에서 교육은 개인이 사회질서 유지를 위한 지식과 규범을 배우는 기회를 제공하는 장이며, 균등한 교육을 통해 사회 모순을 해결하고 누구에게나 평등한 기회를 제공하는 수단이다. 우리나라의 교육에서 여러 구성 요소 중 제도가 가장 강력한 요소로 작동한다. 그 이유는, 교육이 위에서 언급한 목적과 기능을 갖기보다는, 좋은 교육이 일류대학을 진학하여 세속적인 성공을 거두어 행복이 보장되는 수단이라고 보기 때문이다. 그러기에 대학입시제도가 교육이라는 가치 체계에서 가장 강력한 하위 요소가 되며 다른 요소들을 압도하는 부작용이 생겨난다. 이 경우 기능주의에서 이야기하는 각 구성 요소로 연결된 건강한 작동 시스템이 무너지게 된다.

문화에 대한 기능주의적 관점의 전제는 문화 요소들의 균형 잡힌 기능과 사회구성원들의 합목적적인 합의에 의한 공유다. 따라서 특정 문화를 파악하고자 할 때는 그 문화의 각 요소의 균형 잡힌 기능과 구성원들의 상호작용이 매우 중요하다고 할 수 있다.

갈등 이론

기능주의 이론이 사회구조의 불평등성을 제거하고자 한다면, 갈등이론은 오히려 인종, 성, 계층, 나이나 세대 등과 같은 대립 구분들 때문에 어쩔 수 없이 권력관계가 존재하고, 따라서 우리 사회는 불평등할 수밖에 없다고 주장한다. 갈등이론에서 문화란 구분 장벽에 따른 대립 집단들 중 특정 집단을 위한 혜택에 저항하는 갈등의 장으로 정의된다. 예를 들어, 인류 역사에서 남성의 권력이 더 강한 사회구조에서 여성들에 대한 차별과 부당한 대우가 만연했었는데, 최근에는 남성이 받아온 불평등하고 불공정한 혜택에 도전하는 여권 운동이 활발하다. 이와 같은 남성과 여성의 집단적 갈등과 갈등 해결 과정이 한 사회의 문화적 양상을 규정하는 기준이 될 수 있다.

불평등성은 문화 가치 체계 속에서 작동하여 문화 규범이 특정 집단에 더 유리하게 작동하는 상황을 만들곤 한다. 남성 우월주의 사회에서는 여성의 참정권이 보장되지 않았고, 따라서 기득권층으로서의 남성이 정치적, 경제적 이익을 얻게 되었다. 남성 집단은 그런 기득권을 위해 여성을 억압하는 사회구조를 유지하고자 하며, 여성은 억압의 구조를 타파하기 위한 노력을 한다. 갈등 이론에서 주목하는 것은 특정 집단이 얻는 물질적, 경제적 혜택이며, 이와 관련된 불평등한 권력 체계는 결국 사회 문화 전반에 영향을 미친다고 보고 있다. 예를 들어, 교육의 혜택을 받지 못하게 된 집단이나 첨단 과학 기술을 경험하기 어려운 환경에 있는 집단은 물질적, 경제적 혜택에서 소외되며 사회변화에 적응하기 어렵게 된다. 결론적으로 갈등이론은 기능주의와는 대조적으로 불평등성을 인정하면서, 갈등과 이를 해결하기 위한 투쟁이 문화적 가치를 구성한다고 본다.

상징적 상호작용이론

상징적 상호작용이론(Symbolic Interactionism)은 사회구성원들의 상호작용이 문화를 창조하고 유지하는 핵심이라고 본다. 문화를 엿볼 수 있는 요소들은 결국에는 사람들이 상호작용하는 방식과 상호작용의 결과를 사람들이 해석하는 방식으로 완성된다고 이 이론의 옹호자들은 주장한다. 여기서 상호작용이란 실존하는 객체와 타자의 행위로부터 의미를 끌어 내고 해석하는 과정으로 정의된다. 모든 객체와 행위는 기호적 의미를 지니며, 언어가 수단으로 작동하여 사람들이 언어를 통해 해석해낸 의미를 타자에게 표현하고 공유할 수 있게 해준다. 허버트 블러머 Herbert Blumer에 따르면, 우리가 어떤 대상을 대할 때, 우리는 우리 자신이 그 대상에 부여한 의미를 기준으로 행위를 하는데, 그 대상이 갖는 의미는 우리가 타자 그리고 사회와 상호작용을 하여 생성된 것이다.5) 궁극적으로 우리는 우리 자신이 접하는 대상에 대한 일련의 해석 과정을 통해 그 의미들을 처리하고 수정한다.

상호작용과 그것에 대한 개인적 해석이 기반이 되는 문화는 필연적으로 매우 역동적이고 유연할 수밖에 없다. 왜냐하면, 의미해석과 의미전달 과정에서 사람들이 상호작용하는 방식은 주관적인 측면이 강하고 상황에 따라 매번 달라질 수 있기 때문이다. 앞서 예를 들었던 여성과 남성의 구분 대립에서, 한 여성과 한 남성이 상호작용하면서 상대방의 행동이나 표현을 해석할 때, 이 해석은 다른 여성이나 남성과 상호작용할 때의 해석과 다를 수밖에 없다. 기호적 상호작용이 이와 같이 개별적 해석에 방점을 두게 되면서, 사회 집단 전체의 영향, 즉 여성과 남성의 구분 대립에서 미디어가 선동하는 전반적인 차별 등을 깊이 고려하지 못할 수 있다.

이상에서 우리는 사회학적인 개념을 토대로 문화를 바라보는 시각들을 살펴보았다. 위에서 소개한 세 가지 접근 방법은 통합적으로 적용되어야 할 것이다. 문화라는 것은 단순히 눈에 보이는 양태나 행동이 아닌, 그 기저에서 그것들을 지배하는 관념과 그것들을 만들어내는 과정을 중심으로 파악할 필요가 있다.

2. 문화학

문화에 대한 인식은 학문 분야에서도 새롭게 등장하였다. 기존의 인문학이 고전 텍스트 해석을 통한 인간과 자연에 대한 성찰 및 사회 규범의 제공이라는 일반적인 목표를 가지고 있었지만, 현대 사회에서는 시시각각 변하는 사회현상으로 인해

---

5) Blumer, H. (1969). Symbolic Interactionism. Englewood Cliffs, NJ: Prentice-Hall

인문학에서의 기존의 목표가 가치를 갖기 어려운 상황이 되어 가고 있다. 이에 20세기 말부터 인문학을 다른 방식으로 접근하여, 인간과 세계의 이해를 위해서는 문화적 현상을 들여다보아야 하며, 현실 인식을 위해서는 문화주의적 시각을 가져야 한다는 입장이 대두되었다.

문화가 실존의 총체라는 문화주의적 시각은 문화학이라는 학문 분야의 기초가 된다. 문화학은 일상에서 우리가 경험하는 사회 문화 영역들을 총괄하여 전체로 파악하며, 기존의 인문학과 달리 텍스트뿐만 아니라 문화를 표현하는 모든 매개체들을 연구한다. 이상엽(2004:70-77)은 문화학의 연구 영역을 다음 여섯 가지로 분류했다.

- 학문 문화에 대한 연구(지식의 생산과 확장)
- 자연의 문화사(자연에 대한 지각 및 해석)
- 인간에 관한 담론(역사적 인간학)
- 회상과 기억(과거의 복원을 통한 획일성과 평균성의 극복)
- 기술의 문화사(기술의 발달이 인간과 문화에 미치는 영향)
- 매체 문화(대중문화를 만드는 소통 매체의 영향)

다음에서는 20세기 후반부터 대두된 문화학에서 문화를 분석하는 접근 방법들 가운데 네 가지, 현상학, 문화인류학, 구조주의, 비판이론 등을 소개하고자 한다.[6] 이 접근들은 철학적 사유를 바탕으로 문화 연구를 다루고 있는데, 주요 차이는 문화를 분석하는 방식에서 찾아볼 수 있다.

현상학 접근: 피터 버거 Peter Berger

---

[6] 이 네 가지 접근은 Wuthnow, Hunter, Bergesen, & Kurzweil(2012)를 참고했다.

20세기 후반에 현상학(Phenomenology)7) 이론을 사회과학에 적용하여 문화를 분석하고자 하는 시도가 있었는데, 이를 문화 현상학이라고 부른다. 문화철학적 개념화를 시도한 이 이론은 주로 일상에서 주관적인 의미가 갖는 가치를 강조하면서, 사회적인 인간 대 인간의 상호작용이 이해를 공유하는 것에서 출발하므로 일상생활에서 관찰되는 인간 행위의 의도를 파악하는 것이 문화를 분석하는 주요 방식이라고 본다.

피터 버거에 따르면, 우리가 사는 세상은 사회적으로 구축된 것이고 우리가 지각하고 경험하는 현실은 사회구조 내에서 사회적으로 자리 잡고 있는 것이다. 그러므로 우리가 자신의 정체성을 인지하기 위해서는 타자와의 소통과 그 소통에 대한 성찰에서 출발해야 한다. 이 과정에서 언어가 매우 중요한 역할을 한다. 지식을 얻기 위한 소통의 수단으로서 언어가 필요하기도 하지만, 우리의 일상생활에서 경험하는 일들을 공유하고 연결하는 데에서도 언어는 필수적인 역할을 한다. 즉 언어를 통해 우리는 사회구성원으로 문화 형성과 전수에 참여하게 된다.(Berger, 1966)8)

현상학적 접근에서는 문화를 분석하기 위하여 인간의 경험, 즉 인간이 지각하고 판단하여 경험으로 축적하는 모든 현상을 연구하는데, 개인이 주관적으로 부여하는 의미를 규명하고 귀납적으로 기술하여 그 실재를 파악하고자 한다. 이와 같은 접근에서 대표적인 분석 방법은 van Manen(1990)의 체험연구이며, 이 방법에서는 일화(anecdote)에 대한 기술이 위주가 된다. 즉 연구자는 인터뷰나 관찰을 통해서 수집한 자료를 분석하여 서사구조를 명확하게 드러내는 일화를 구성해서 문화 단

---

7) 에드문트 후설 Edmund Husserl이 주창한 현상학은 대상의 실재적인 측면보다는 우리가 인식하고 있는 현상 자체를 분석하는 철학 사조다. 따라서 인간에 대한 탐구에서는 인간의 생물학적이나 자연과학적 특징들을 배제하고 인간 의식과 의식구조를 분석하고자 한다.(https://plato.stanford.edu/entries/ phenomenology/)

8) 현상학적 접근은 일견 상징적 상호작용이론과 일정 부분 궤를 같이하지만, 상징적 상호작용은 상징과 언어를 중심으로 문화를 파악하면서 주체적인 자아의 해석이 핵심 개념이고, 현상학적 접근에서는 자아와 타자와의 관계성을 통한 자아 성찰에 중점을 둔다.

면을 제공한다. 예를 들어, 결혼제도를 문화 요소로 연구할 때, 연구자는 결혼제도에 대한 문헌 조사, 미혼 또는 기혼 남녀와의 인터뷰, 결혼 과정의 관찰 등을 통해 결혼 제도가 문화 요소로서 그 사회에서 어떤 기능을 수행하는지 일화 등을 통해 조사하게 된다. 결론적으로 현상학적 접근에서는 문화를 분석하기 위해, 개인의 체험을 규명하고, 체험에 내재되어 있으며 언어로 표현되는 본질에 다가가서 체험의 의미구조를 파악하고자 한다.(정상원, 2018)

문화인류학 접근: 메리 더글라스 Mary Douglas

전통적인 문화인류학적 접근은 집단이 추구하는 가치나 추상적인 이념을 파악하고자 하였으나, 메리 더글라스는 일상적인 문화 요소들을 중심으로 전체 문화를 파악하려 하였다. 그녀는 주로 일상에서 관찰되는 언어, 음식, 제례의식, 몸에 대한 의식, 깨끗한 것과 오염된 것에 대한 관점 등에 대해 연구하였다. 대표적으로 Douglas(1966)에서는 청결함과 불결함에 대한 종교적인 이원론의 관점에 이의를 제기하면서, 이 두 개념은 종교적 규정이 아니라 인간의 인지적 기준에 의해 설명된다고 주장했다.

이 연구에서 그녀는 아프리카 원시 부족들의 신앙과 그 신앙에서 규정한 오염에 대한 관점들을 근거로, 청결과 불결을 구분하는 기준은 전통적인 종교가 추구하는 사회질서나 도덕 감정을 강화하기 위한 제례의식적인 기준이라고 이야기했다. 이런 측면에서 불결함은 사회제도에서 어긋난 행위로 간주되는 범죄와 다르지 않다고 본다. 무엇인가가 더럽다는 생각은 그 대상이 있어야 할 자리에 있지 않기 때문에 드는 생각이기 때문인 것과 같이, 어떤 행위가 하지 않아야 할 상황에서 일어나면 범죄로 간주되거나 도덕적으로 비난을 받게 된다. 이런 경우 사회는 질서의 확립과 유지를 위해 전자의 경우는 불결한 것으로 인식을 구조화하고, 후자의 경우 범죄에 대한 처벌이 이루어진다.

메리 더글라스의 주장을 문화 연구에 대한 보다 직접적인 예시를 통해 알아보자. 우리의 전통적인 문화 요소 중 제사는 문화의 산물이며 행위다. 우리가 제사를 지내는 행위는 기호적 표현으로서 추상적인 관념과 실제적 사회를 연결하는 매개 수단이다. 제사를 지내는 집단의 공동체 성향과 응집력이 강하고 통제가 강할수록, 기호로서의 언어는 복잡하지 않고 단순하며, 구성원들이 일사불란하게 제례의식을 경건하게 따른다. 반면에 그 집단이 응집력이 높지 않으면, 각 개인의 언어적 표현들이 대두되며, 기호로서의 언어가 복잡하여 제례의식이 일사불란하게 진행되지 않는다. 이와 유사하게, 우리가 식사를 준비하고 먹고 정리하는 과정도 일련의 의식들로 진행된다. 누가 어디에 앉는지, 누가 먼저 수저를 들어야 하는지 등에 대해 구성원들이 따라야 하는 의식들이 존재하고, 유대감이 강한 가족일수록 이런 의식들을 충실히 따르며 개인적인 코드로서의 언어는 다양하게 드러나지 않는다. 인도의 카스트제도의 특권 계층이 일상생활에서의 식사 과정을 자신들만의 규율로 삼아 엄격하게 지키도록 하는 것은 사회질서의 강화를 위한 수단인 것이다.(유제분, 1996)

구조주의 접근: 미셸 푸코 Michel Foucault

미셸 푸코는 후기 구조주의를 주창하며 문화의 발달 양상과 문화 분석의 새로운 방법론을 제시하였다. 일련의 저서를 통해 푸코는 지식과 권력의 관계를 파헤치며 이 관계를 문화를 분석하는 주요 개념으로 삼았다. 그는 기존의 지식에 대한 관념, 즉 지식은 객관적이고 중립적이라는 관념을 부정하고 지식은 권력을 가진 조직이나 집단이 만들어낸 것이며 이것을 통해 권력 집단은 소수자 집단을 억압한다고 주장했다.

푸코 이전에 초기 구조주의에서는 언어학 분석 틀을 중심으로 연구한 클라우드 레비스트로스 Calude Lévi-Strauss가 인간 사회와 문화를 구조로 보고 개인을 그

I. 문화란 무엇인가

구조의 산물로 보았으나, 푸코는 개인이 구조의 산물이 아니라 권력의 산물이며 타자와의 관계 속에서 복합적으로 생겨난 자아라고 주장했다. 예를 들어, 푸코는 광기의 역사를 고찰하면서, 미쳤다고 여겨지는 사람과 정상이라고 하는 사람 사이의 구분이 전혀 객관적인 기준이 있는 것이 아니고 권력을 가진 다수가 자기들 나름대로 정상이라고 하는 사람의 기준을 만들어 놓고 이 기준에 미치지 못하면 미친 사람으로 규정하는 것이라고 언급했다.(미셸 푸코 저, 이규현 역, 2003)

푸코의 문화 분석 사례로 그의 저서 <감시와 처벌>에서 사유한 형벌 제도를 예로 들어보자. 그에 따르면, 18세기 이전, 즉 계몽주의 사상이 보편화 되기 이전에는 잔인한 형벌들이 만연했으나, 18세기 이후에는 지식을 권력화한 집단이 교묘하고 정교한 형벌들을 만들기 시작하여 범죄자라고 판결된 사람들을 제도적으로 감금하고 통제하며 사회로부터 격리하는 방향으로 형벌 체제를 구축했다. 이와 같이, 법이나 제도 등의 문화 요소는 순수한 진리나 이데올로기가 아닌 권력 집단의 힘에 의해 좌우된다. 소위 합법적이라는 체제 내에서, 그리고 권한을 합법적으로 위임받는 제도에 의해서, 권력은 끊임없이 작동하며 문화를 변화시킨다고 할 수 있다.

비판 이론: 위르겐 하버마스 Jürgen Habermas

비판 이론(Critical Theory)는 계몽주의에 따른 과학적 지식의 대두가 개인의 이성적 사유를 억압하고 인간은 억압된 이성을 가지고 산업사회의 부속으로서 일차원적 행복을 추구하게 되었다고 비판한다. 하버마스는 이와 같은 사유를 넘어서 도구적 이성에서 벗어나는 인간 개인의 이성과 그것의 합리성을 파악하고자 하였으며, 이를 위해 의사소통 행위이론을 제안했다. 그에 따르면 개인의 이성은 일상적인 의사소통 행위에서 그 존재가 파악된다. 의사소통의 목적은 상호 이해이므로 소통이 상호 이해의 목적을 달성했다면 그 소통은 합리성을 달성한 소통이라고 할 수 있다. 이와 같은 접근은 우리가 앞서 문화의 정의를 내릴 때 핵심적인 개념으로 규정한 공유라는 개념과 관계가 있다. 문화란 공유의 산물이고 집단 내의 공유는 의사소통을 통해 이루어지므로, 합리성이 달성된 의사소통은 문화의 전달과 확산에 매우 중요한 역할을 한다.

위르겐 하버마스(2006)는 근대사회를 공적인 영역인 체계와 사적인 영역인 생활세계로 구분하여 설명한다. 체계란 이성을 도구적으로 사용하여 합리적인 행위를 하는 경제체계와 행정체계로 나누어진다. 생활세계는 개인들이 서로 이해와 협상을 하는 의사소통이 중심인 영역이며, 이 영역에서 개인들은 상호작용을 통해 문화를 형성하고 질서를 체득하며 자신의 정체성을 이해하게 된다. 하버마스는 근대화가 진행되면서 체계가 점차 복잡해지고 강제성을 띠면서 생활세계를 억압하는 현상이 벌어지고 있음을 지적하였다. 그는 이를 생활세계의 식민화라고 규정했다.

결론적으로 하버마스의 비판이론에서 개인은 일상생활의 상호소통을 통해 문화를 형성하고, 체계에 맞서서 각종 억압과 불평등에 맞서 싸우며, 문화적 소외에서 벗어나는 행동방식을 택해야 한다. 우리 일상생활의 문화와 관련된 행위들은 그런 의미에서 중요한 가치를 갖는다.

앞서 소개한 네 가지 문화학적 접근은 문화를 이상적인 규범으로 보는 것을 거부한다. 문화는 다양한 객체들이 서로 다른 사고를 하며 의도적이거나 우연적인 공유의 과정을 거치며 생성되므로 하나의 본질을 갖는 특권적인 것으로 파악될 수 없다. 문화의 특징은 따라서 개방성과 다양성이고 이런 특징들이 소통을 매개로 해서 작동된다. 문화집단을 고유 언어가 다른 민족을 기준으로 구별하는 경우, 문화집단 간의 소통이 빈번하게 발생하는 국제화 시대에 원활한 소통을 위해 모국어 외의 언어를 구사하는 것은 문화 확산과 공유에 필수적인 능력이 된다.

3. 문화의 다양성 및 차별성

존재하는 모든 대상은 존재 가치를 부여받음에 있어서 공존하는 다른 대상과 비교될 수밖에 없다. 우리가 어떤 새로운 사물을 대할 때 그 사물의 정체성은 대개 재질과 모양, 또는 기능을 기준으로 파악된다. 하지만 그 사물의 가치는 그 사물과 유사한 것을 경험한 후에 비교를 통해 정할 수 있다. 우리는 끊임없이 비교를 통해 특정 사물에 가치를 부여하는 것이다. 아래 대상 A를 살펴보자.

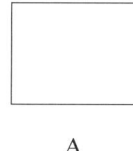

A

A를 보고나서 독자들은 A를 네 변과 네 개의 직각으로 이루어진 사각형으로 묘사할 수 있을 것이다. 다음에는 A, B를 살펴보자.

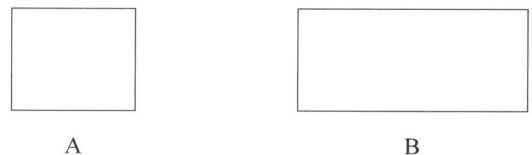

A   B

우리는 A, B 둘 다 앞서 A를 묘사했던 방식으로 속성을 규정할 수 있다. 그러나 두 사각형이 공존하면서 우리는 어느 것이 더 큰지, 혹은 긴지로 차별화하게 된다. 즉 둘 이상이 공존하는 경우 우리는 비교의 작업을 통해서 사각형 집단 내에서의 각각의 특징들을 추가로 묘사할 수 있다. 다음에는 A, B, C를 살펴보자.

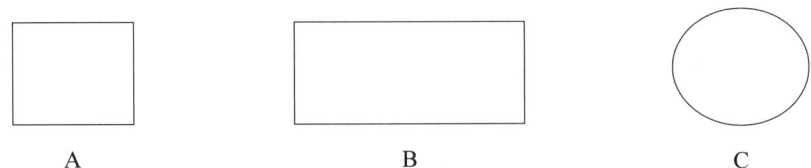

우리는 이제 세 개의 도형을 마주하고 있다. 이 도형들을 자연스럽게 구별하는 우선 순위는 사각형 집단과 원이 될 것이다. A와 B는 공통점을 많이 갖는 집단이 되고, C는 사각형 집단에는 속하지 않고 차별화된 다른 도형 집단의 일원으로 지각된다.

집단의 구분 대조는 집단의 문화를 파악하는 출발점이 된다. 문화는 집단별로 다양하며 차이점을 보인다. 우리가 대개 어떤 집단의 문화를 이야기할 때는 집단의 차이를 근거로 이야기를 하게 되며, 여러 기준에 의해 집단을 나누게 된다. 다음에서는 앞서 간략히 소개했던 기어트 홉스테드가 규정한 문화의 집단 대조 기준들을 자세히 살펴보기로 한다.

권력 거리

권력 거리(power distance)란 사회나 조직에서 권력이 큰 구성원과 작은 구성원 사이의 거리를 말하는데, 여기서 말하는 거리란 권력이 작은 구성원이 권력의 불평등함을 수용하는 정도를 말한다. 권력 거리가 먼 문화는 권력이 작은 구성원들이 불평등함을 잘 감수하며 가부장적인 정서가 강하다. 반면, 권력 거리가 가까운 문화는 구성원들 사이에 불평등함을 용납하지 않고 수평적인 관계를 유지하려는 제도나 정서가 강하다. 권력의 근원은 생물학적인 나이가 기준이 될 수도 있고, 경제적, 사회적인 성취도가 기준이 될 수도 있다. 우리나라에서는 전통적인 가족 관계에서 나이가 많은 구성원들이 존중받는 속에서 권력을 갖고 가정의 대소사를 결정했다. 전통적인 사회에서는 출신 성분으로 사회계층이 미리 정해지면서 권력 관계가 성립하였다가, 산업화를 경험하면서 개인의 성취를 통한 사회적 성공이 권력의 지표로 자리 잡게 되었다. 홉스테드의 조사결과에 따르면 아시아와 아프리카 지역이 권력 거리 지수가 높고, 유럽과 북미지역은 권력 거리 지수가 낮은 것으로 나타났다.

권력이란 지표와 관련하여 사회는 권력을 가진 집단과 그렇지 않은 집단의 대립 관계로 분석될 수 있다. 두 집단의 문화는 대조적인 모습을 지니는데, 예를 들어, 전자는 단순하게 사회계층구조로 볼 때 기득권층으로 상층의 문화, 후자는 하층의 문화를 경험할 가능성이 높다. 대중문화의 측면에서, 상층의 문화와 하층의 문화를 규정하는 적절한 기준은 없으며 개인적이고 주관적인 기준이 작용할 수 있다.

갈등이론에 따르면, 권력을 가진 집단과 그렇지 않은 집단은 권력 거리가 먼 경우 권력 집단의 억압을 당연한 것으로 여길 수 있으므로 갈등의 소지가 별로 없을 수 있다. 억압에 순응하는 경우에 거리가 점점 멀어지면서 계층 구조가 심화 되고 불평등이 가속화되면서 결국에는 거리를 좁히고자 하는 혁명 같은 상황이 나타날 수 있다. 반면 어떤 조직이나 사회에서 집단 간, 혹은 집단 구성원 간, 권력 거리가 가까우면 갈등 요소가 적으며 서로 조화를 이루는 사회구조를 가진다. 역사적으로 보면, 인간이 관계를 맺고 유지하는 방식이 발전하면 할수록, 예를 들어, 소셜미디어를 통한 실시간 지식의 공유나 의견 교환이 가능해지면서, 기득권층의 지식이나 정보의 독점이 약해지고, 결국에는 권력 거리가 가까워지게 된다.

개인주의 대 집단주의

개인주의(individualism)와 집단주의(collectivism)의 대조는 집단의 문화를 비교하는 데에 유용한 잣대다. 개인주의가 발달한 사회에서는 구성원들은 자아실현이 개인의 성취를 통해 이루어진다고 생각하며, 따라서 자신의 노력으로 성공하고자 하는 의지가 강하고, 자신이 선택한 종교, 동호회, 직장, 과업 등에 보다 높은 가치를 둔다. 반면에 집단주의가 발달한 사회에서는 구성원들이 고향, 가족, 학연 등과 같은 운명적이며 자연집단적인 기원에 더욱 민감하다. 따라서 개인주의 사회에서는 문화 행위도 개인의 취향과 그에 따른 선택이 중요하지만, 집단주의 사회에서는 집단의, 때로는 광기 어리고 억압적일 수도 있는 전체주의적 사고와 행동이 문화 행위에 영향을 미칠 수 있다. 홉스테드의 조사 결과에 따르면 선진화된 국가들이 개인주의 지수가 높고, 개발도상국이나 후진국의 경우에는 개인주의 지수가 낮았다.

두 대조적인 특징을 앞서 이야기한 불안감과 관련하여 이야기할 수 있다. 아프리카 초원에서 사자는 무리를 지어 사는 얼룩말 가운데 무리에서 떨어져 나와 있거나 눈에 뜨이는 얼룩말을 먼저 사냥감으로 삼는다. 이 경우 불안감은 생존과 직결되어 얼룩말들은 무리에서 떨어지지 않고 눈에 뜨이려 하지 않는다. 인간들도 집단의 안정성이 약할 경우에는 집단의 결속력에 의지한다.

개인주의 사회는 대체로 개인이 주체적인 행위를 해도 크게 불안할 일이 없이 안정성이 보장되는 사회일 확률이 높다. 이와 대조적으로 집단주의 사회는 대체로 개인주의적 행위가 불이익으로 감지될 가능성이 높아서 집단의 문화 행위를 개인이 따르는 경향이 강하다. 아래 우리나라 겨울 길거리 사진을 보자.

왜 대부분 같은 스타일, 비슷한 색의 긴 패딩을 입고 있을까? 이 사진 속에서 어

떤 사람이 흰색의 짧은 털코트를 입고 있으면 눈에 금방 뜨일 것이다. 유행은 불안감을 자극한다. 특히 산업자본의 생산을 위한 소비 욕망을 자극하기 위해 미디어가 부추기는 유행에 동참하지 않으면 우리는 괜히 불안해진다. 일단 유행하는 스타일을 추구하되 자신만의 차별화, 또는 실현은 고급 제품을 추구하여 이루고자 한다. 개인주의 사회도 유행은 있으나 유행하는 스타일의 변주는 집단주의 사회의 경우보다 훨씬 다양하며, 구성원들은 일반적으로 개성 있는 자기표현의 욕구가 강하다.

집단주의에서는 관계의 문화가 발달하여 구성원들이 위계질서를 대체로 잘 따르므로 구성원들 사이의 권력 거리가 먼 편에 속한다. 또한, 관계가 중시되면서 수평적인 관계의 네트워크에서는 체면이나 배려가 발달할 수 있다. 집단주의 성향이 강하면 강할수록 구성원들은 점차 관계에서 오는 피로감을 느끼게 되어 혼자 있는 시간을 갖게 되면서 주체적인 자신의 모습을 찾고자 노력하게 되는데, 이런 경향이 점차 개인주의적 사회로 옮아가는 과정에서 목격된다.

불확실성의 회피

개인을 놓고 볼 때, 어떤 사람은 자신이 계획한 대로 일이 진행되지 않으면 매우 불안해한다. 이런 사람은 자신이나 사회가 만든 규율, 규정, 관습 등을 충실히 따르는 경향이 있다. 반면에 어떤 사람은 자신이 계획한 일이 뜻대로 진행되지 않더라도 크게 불안해하지 않으며 유연한 사고를 하면서 새로운 대책을 쉽게 찾아내는데, 이런 사람은 상대적으로 규정이나 규율에 그리 얽매이지 않는다. 사회질서의 유지를 위해서는 전자의 유형이 바람직하지만, 창조적이고 변화를 추구하는 사회에서는 후자의 유형이 바람직하다.

불확실성의 회피(uncertainty avoidance) 정도는 집단 간 문화 차이를 분석하는 데에도 유용한 도구가 된다. 불확실성 회피 성향이 강한 집단에서는 구성원들이 불안정한 상황에 민감하고 감정적인 성향이 대체로 강하며, 법과 제도를 잘 따르고 급격한 변화를 두려워한다. 불확실성의 회피 성향이 약한 집단은 예측하지 않은 상황에 유연하게 대처하며 가변적인 환경을 그다지 불편해하지 않고, 실용적인 경향이 강한 편이다. 홉스테드는 남미, 독일, 일본 등이 불확실성 회피지수가 높았고, 북미, 중국 등은 그 지수가 낮다고 보고했다.

이 구분 기준은 문화인류학에서 연구하는 민족 간의 차이를 보여주는 기준이 되기도 하지만, 한 민족 내에서 세대 간, 직업군 간, 보수와 진보의 정치 이념 간의 정서나 문화 차이의 분석 기준으로도 유용하다. 예를 들어, 대체로 불확실성의 회피 성향이 강한 사람들이 보수적인 경향이 강하고, 반대의 경우는 진보적인 경향이 강하다. 대개 보수적인 경향이 강한 구성원들은 사회계층적으로 볼 때 기득권층에 속할 가능성이 큰 편이고, 진보 성향이 강한 구성원들은 기득권층에 속하지 않을 가능성이 크다. 기득권층들은 자신들이 이루어 놓은 것들이 이미 기본적인 불안감을 해소한 상황을 보장하므로 더이상 급격한 변화를 추구하지 않고, 자신들의 기준으로 안정적이라고 생각한 환경을 바꾸려는 의지가 약하다. 진보 성향의 구성원들은 상대적 박탈감에 불공정함의 인식이 더해지면 현재의 상황을 타개하기 위한 노력을 하게 되며 불공정성을 바로잡고자 한다. 보수 기득권층이 합리적이고 사회 경제적 약자들에 대한 배려의 노력을 기울인다면 이와 같은 갈등은 약해질 수 있다. 그러나, 보수기득권층이 비합리적이고 공생의 마음이 없다면 결국 갈등이 증폭되며 혁명 같은 상황이 초래될 수도 있다.

남성성 대 여성성(삶의 양 대 질)

여성과 남성은 생물학적인 차이가 있다. 그러나 마르크시즘에서 노동에 의한 자본의 지배로 인해 남성의 권력이 강화되며 여성은 억압을 받게 되었다고 주장했다. 최근의 페미니즘에서는 남성의 여성에 대한 편견, 일상생활에서의 여성 소외로 인한 것이라고 주장하는 등, 사회화 과정에서 왜곡된 성의식으로 인해 차이가 생겨났다고 보고 있다. 여기서는 여성 개인과 남성 개인의 그런 차이, 혹은 차이가

I. 문화란 무엇인가

차별로 귀결되는 논점보다는 어떤 집단은 남성성이 강한 반면에 어떤 집단은 여성성이 강한 문화적 특징을 보이는 것에 대한 논점에 대해 논의하고자 한다.

어떤 집단이 남성성이 강하다고 할 때는 구성원들 간의 경쟁이 치열하고 자기주장이 강하며 구성원들이 전반적으로 권력욕과 성공에 대한 열망이 강한 것을 의미한다. 이 문화권에서는 성 역할이 뚜렷하고 성차별이 상대적으로 강하며 여성이 성차별로 인한 피해를 입는 경우가 상대적으로 많다. 반면 여성성이 강한 문화권은 경쟁과 성공보다는 구성원들 간의 관계가 중요하고 평화로운 조화가 더 가치를 갖는다. 이 문화권에서는 삶의 양보다는 질적인 면이 중요시되어, 사회적으로 인정받는 성취의 양보다는 삶을 어떻게 살아가며 행복을 느끼는가와 관련된 질적인 면이 중시된다.

홉스테드는 일본, 독일권, 영국 등이 남성성 지수가 높고, 북유럽 국가들이 그 지수가 매우 낮음을 보여주었다. 우리나라의 경우는 전통적으로 구성원들 간의 관계, 수직적 또는 수평적 관계에서 상부상조하는 관습이 있고 평화를 추구하는 민족성을 가지고 있었으므로 여성성이 더욱더 강한 사회였다고 할 수 있다. 그러나 근대의 압축된 고도성장 시기를 겪으면서 구성원들이 치열한 경쟁 상황에 놓이게 되어 양적이고 물적인 성공의 척도가 중요시되는 남성성이 강한 사회로 변모해왔다고 할 수 있다.[9] 이 구분 대조는 이와 같이 역사적으로 볼 때 성향이 변모할 수 있음을 알 수 있다.

장기 지향 대 단기 지향

장기지향성은 유교적 역동성이라고도 불린다. 이 성향은 미래의 보상에 대한 기대가 큰 것이고, 따라서 이런 문화권의 구성원은 미래를 대비하여 성실하게 일하

---

[9] 물론 조선시대에는 성차별과 여성에 대한 억압이 매우 컸으나 민족 전체를 놓고 볼 때에는 여성성의 민족성이 다소 높았다고 필자는 생각한다. 따라서 이 대조 구분은 이분법적이기 보다는 스펙트럼 방식으로 파악되어야 하고 여러 요소가 혼재되어 있을 수 있다고 본다.

고 절약하며 실용적인 가치를 중요하게 생각한다. 반면에 단기지향성이 높은 문화권에서는 과거로부터 내려온 관습과 제도, 그리고 현재의 제도나 규범을 잘 따라서 사회 구성원으로서 책무를 다해야 한다는 의식이 강하다. 이 구분 대조는 개인 간의 차이에서도 볼 수 있으나 홉스테드 연구에 따르면 지역 문화권 간의 차이가 잘 드러나서 동아시아권이 장기지향성이 높고, 남미와 아프리카는 낮은 편이다.

우리나라의 경우, 위의 기준에 의하면 전통적으로 단기지향성이 강했지만, 현재는 높은 저축률과 자녀 교육에 대한 헌신 등에서 보이듯이 미래에 대한 의식이 강하다고 할 수 있다. 지역적으로도 우리나라는 농촌과 도시에서 이런 구분이 적용될 수 있다.

본 저서는 영미문화 소재를 이용한 영어학습을 주제로 담고 있다. 따라서 홉스테드의 구분을 기반으로 우리나라와 영미 문화권을 비교하면 다음과 같다.

〈표 1.2〉 홉스테드 구분에 따른 대조

홉스테드의 구분	우리나라	영미 문화권
권력 거리	멀다	가깝다
개인주의 대 집단주의	집단주의적이다	개인주의적이다
불확실성의 회피	회피정도가 강하다	회피정도가 약하다
남성성 대 여성성	남성성이 다소 강하다	남성성이 강하다
장기지향 대 단기지향	장기지향성이 강하다	중간적이다

영어를 배우는 우리나라 학습자는 위와 같은 대조 구분 결과로 볼 때 어느 정도 문화 충격을 경험할 가능성이 있다. 정보통신의 발달로 세계가 하나의 문화권을

이루어가고 있는 상황에서 영어권 문화가 지배적이므로 홉스테드의 구분들은 대조성이 약해지고 있고, 장래에는 두 문화권이 매우 유사한 정도로 동조화될 가능성이 있다. 또한, 위의 구분은 집단을 대상으로 한 것이므로 우리나라 사람 개인이 반드시 위에서 정리한 구분으로 일반화될 수는 없다. 그렇다고 하더라도 영어 교수자와 학습자는 문화 소재 학습 과정에서 위의 구분을 의식하고 영어권 문화를 파악하려 노력하면 학습에 도움이 되리라 필자는 생각한다.

우리는 이 장에서 문화에 대한 정의, 문화와 관련된 학문적 접근과 가능한 대조 구분을 간략히 살펴보았다. 본 저서는 효과적인 영어교육을 위해 문화 소재를 어떻게 이용할 것인지를 살펴보고자 하였으므로, 보다 전문적이고 깊이 있는 사회학적, 철학적 접근은 자세히 소개하지 않았다. 문화는 현재 인문학의 변모를 이끄는 중요한 개념이므로 관심 있는 독자들은 문화를 다룬 전문 서적들을 읽을 것을 조언한다.

II
언어와 문화

- 언어 기호
- 언어와 사고
- 언어 행위
- 서사(敍事) 행위(Story-Telling)

II. 언어와 문화

1. 언어 기호

앞서 1장에서 존재의 주요 속성은 관계라는 점에 대한 여러 가지 논의를 살펴보았다. 관계는 소통을 통해서 형성되고 유지된다. 인간은 다양한 도구를 소통의 매개 수단으로 사용하는데, 그중에 언어를 사용하는 행위가 가장 큰 비중을 차지한다. 언어란 무엇인가? 언어란 기호의 일종이다. 사실, 이 세상의 모든 존재가 기호로서의 자격을 가지고 있다. 길바닥에 굴러다니는 작은 돌이나 바닷가의 모래 등과 같은 자연물, 또는 집이나 사람의 표정 등과 같은 인간이 만들어내는 것 모두가 잠재적으로 기호다. 존재하는 것들이 의미를 갖게 되면 그것은 기호로서 기능을 수행한다고 할 수 있다.

언어의 구조적 정의

언어는 일련의 소리 또는 문자를 원소로 하는 유한한 기호의 집합과 이 원소들의 결합을 만들어내는 일정한 규칙에 의해 생성되어 의사소통의 도구로 사용된다. 이를 요약하면 언어의 정의를 다음과 같이 내릴 수 있다.

> 언어란 유한한 집합의 기호로 구성된 규칙체계로서 의사소통의 수단이다.

언어는 기호를 사용하여 구조화된 결과물이라고 볼 수 있는데, 가장 작은 음성

자질부터 시작해서 음소(phoneme)와 음소의 발화 속에서의 실현인 이음소(allophone)가 문맥 속에서 발현된다. 의미 없는 소리들이 결합하여 의미의 최소단위인 형태소(morpheme)를 생성하고 뒤이어 단어(word) 그리고 구(phrase) 단위로 확장된다. 그리고 구 단위가 결합하여 문장을 만들어낸다. 이 과정에서 가장 중요한 단계는 의미 없는 단위들이 결합해서 의미 단위를 만들어내는 이원적 체계(duality of patterning) 단계다. 전체 과정에서는 일련의 규칙이 적용되는데 이를 관계의 측면에서 살펴보자.

명제 의미를 전달하는 문장의 산출에는 기본적으로 두 가지 관계가 관여된다. 첫 번째는 순서 관계다. 우리가 옷을 입을 때에 각자 나름대로 일정한 순서에 따라 옷을 입는다. 또한, 양식 정식을 먹을 때에도 전채요리부터 디저트까지 일정한 순서에 따라 음식을 먹는다. 이와 같이 언어는 규칙이 정한 순서에 따라 기호들을 나열하여 문장 등의 언어 단위들을 만들어낸다. 두 번째는 집합선택(계열) 관계다. 우리가 옷을 입을 때, 자신이 가지고 있는 상의 중 하나, 하의 중 하나 등을 선택한다. 양식 정식을 먹을 때에도, 전채요리 중에서 하나를 택하고 다음 순서로 진행되면서 역시 메뉴판에서 각 순서대로 하나를 택해서 먹는다. 우리가 문장을 만들어낼 때도 주어와 목적어 자리에 자신이 가지고 있는 명사의 집합에서 하나를 선택해서 위치시키고, 동사들의 집합에서 하나의 동사를 선택해서 동사 자리에 위치시킨다.[10] 우리말 문장의 형성을 그림으로 표현하면 다음과 같다.

---

10) 주어 명사구, 목적어 명사구, 서술어 동사 위치에 수식어가 붙을 수 있으나 설명을 간략히 하기 위해 수식어를 배제한다. 마찬가지로 명사나 동사의 경우 조사나 굴절 요소의 결합과 관련한 사항은 생략한다.

II. 언어와 문화

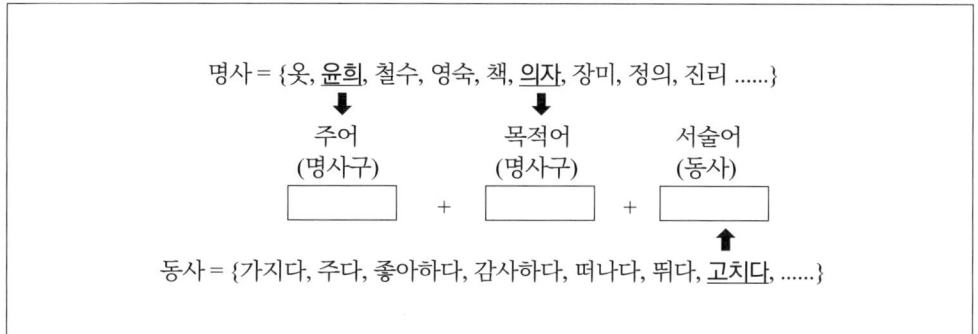

[그림 2.1] 순서와 계열 관계 예시

위의 그림에서 문장을 만드는 화자는 명사의 집합에서 '윤희'를 선택해서 주어 자리에 위치시키고, '의자'를 선택해서 목적어 자리에 위치시킨다. 그리고 화자는 동사의 집합에서 '고치다'를 선택해서 서술어 자리에 위치시킨다. 페르난드 드 소쉬르 Fernand de Saussure를 비롯한 구조주의 학자들은 이와 같은 두 가지 관계가 함께 작용하여 문장이 구성된다고 했다.

언어의 기능적 정의

위에서 언어의 정의에 따른 언어 구조의 특성을 살펴보았는데, 언어는 사용 측면이나 외재적인 측면에서 다양한 특징을 가지고 있다. 이는 앞서 정의에서 언어를 '의사소통의 수단'이라고 규정한 것과 관계된다. 의사소통의 핵심은 의미전달이다. 의미전달을 위해 인간은 다양한 표현 방법을 동원하지만, 그중에서 언어 활동이 관계적 네트워크 형성에 필수적인 활동이다. 로만 야콥슨 Roman Jacobson이 제안한 언어 활동의 요소들의 단계는 다음과 같다(Jacobson, 1960).

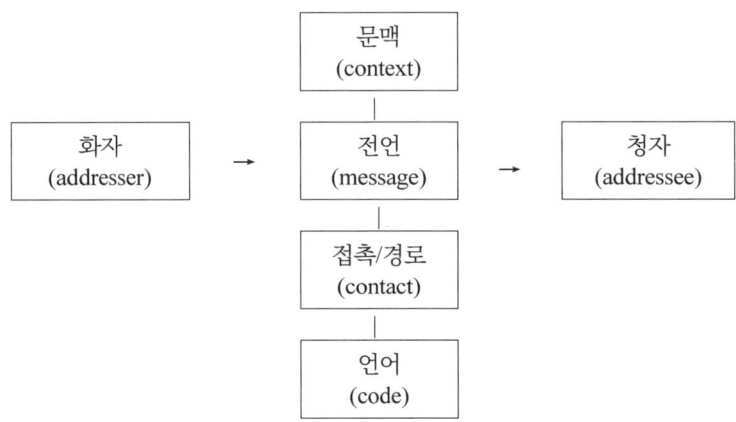

[그림 2.2] 언어 활동 요소 단계

언어 활동 요소 중 어떤 것이 강조되는가에 따라 언어기능들을 분류할 수 있다.

〈표 2.1〉 언어 활동 요소와 기능

강조 요소	언어기능	내용
화자	표출적 (expressive/emotive)	화자의 감정이나 태도의 직접적 표현
전언	미학적 (poetic)	메시지 자체의 형태와 스타일
청자	명령적 (directive/conative)	청자의 반응(명령 수행)
문맥	정보적 (informative/referential)	상황이나 대상에 대한 정보 전달
접촉/경로	친교적 (phatic)	화자와 청자의 관계 설정과 유지
언어	메타언어적 (metalingual)	언어의 상위 작동 영역

마이클 할러데이 Michael Halliday는 언어 활동 요소보다 언어사용 의도에 따라 언어기능을 7가지로 분류하였다(Halliday, 1973).

II. 언어와 문화

〈표 2.2〉 할러데이의 언어기능 예시

언어기능	사용 예시
도구적 (instrumental)	원하는 무언가를 얻기 위해 사용. "우유 먹고 싶어"
통제적 (regulatory)	명령이나 요청을 통한 목적 달성. "우유 빨리 가져와"
상호작용적 (interactional)	관계 설정과 유지를 위한 사용. "엄마 고마와"
개인적 (personal)	자신의 감정, 의견, 정체성 등의 표현. "나는 우유가 좋아"
발견적 (heuristic)	지식을 얻기 위해 사용. "우유는 어떻게 만들어지나요?"
상상적 (imaginative)	허구의 이야기나 농담을 하는 경우. "지금 우유비가 내려"
표현적 (representational)	사실정보를 전달하기 위해 사용. "우유에서 치즈가 생겨"

언어 활동은 다양한 언어기능과의 연계를 통해 파악된다. 우리는 언어기능을 이야기할 때, 보통 언어를 사용하는 이유를 이야기한다. 하지만 사람들이 다른 사람들과 메시지를 주고받기 위해 언어를 사용하는 과정에서 언어의 기능을 제대로 파악하기란 쉽지 않다. 이는 언어기능이 인간의 행동 전반에 깊이 뿌리박혀 있어서 우리의 의식적 행위 과정에서는 언어의 역할을 거의 인식하지 못하기 때문이다 (Newmeyer, 2000:89)

언어의 차이, 문화의 차이

앞서 살펴본 언어의 구조적 측면과 기능적 측면은 모든 언어에 보편적으로 적용된다. 구조와 기능의 보편성은 인간 언어의 특징을 잘 반영한다고 할 수 있다. 모든 인간은 언어 구조의 처리능력을 보편적으로 갖고 태어나고, 언어기능 발현의 동인이 되는 소통의 필요와 욕구는 생존을 위해 모든 인간이 갖는 보편적 특성이다. 그렇다면 세계의 언어는 왜 그리고 어떤 면에서 각기 다른 모습을 갖는가? 노엄 촘스키 Noam Chomsky가 주창한 생성문법이론(Generative Grammar)에서는 모든 언어는 구조적으로 보편적 원리들의 지배를 받고 그 원리들을 어기지 않는 한도 내에서 개별적 매개변수적 차이(parametric variation)로 인해서 언어 구조가 차이가 난다고 주장한다.

그렇다면 문화의 차이는 언어와 어떻게 연결하여 설명할 수 있을까? 문화의 차이를 가장 잘 반영하는 것은 어휘다. 영어는 인도-유럽 어족(Indo-European language family)에 속하는 것으로 알려져 있는데, 인도-유럽어족의 조상어이자 원형의 언어가 무엇일까를 찾는 역사언어학 연구에서 어휘의 분포를 중요한 잣대로 삼았다. 예를 들어, 따뜻한 지역에서 생장하는 작물들과 추운 지역에서 생장하는 작물들의 이름의 분포를 살펴보면, 인도-유럽어족 모든 권역에서 추운 지역 작물들의 이름은 대부분 존재하지만, 더운 지역 작물 이름은 추운 지역 언어권에서는 소수만 존재했다. 이를 근거로, 인구어족의 원형 언어는 추운 지역이 발현지일 것으로 추측한다. 이와 같이, 일상의 구체적인 사물이나 자연 생태계의 구성물들을 지칭하는 어휘는 인간의 생존을 위한 활동, 더 나아가서 지리적, 생태적 문화 활동과 요소까지 연결되므로 어휘의 차이가 문화의 차이를 잘 반영한다고 할 수 있다.

문화가 앞서 정의한 대로 공유된 생각의 실현 체계라고 한다면, 결국 문화와 언어의 관계도 인간의 사고와 언어의 관계로 접근할 수 있다. 우리는 우리의 생각을 언어로 표현한다. 이와 같은 접근은 사고가 언어에 투영되므로 사고가 언어를 통제한다고 할 수 있다는 점에서 출발한다. 즉 인간은 생각한 대로 말한다. 하지만 이와 반대로 언어가 사고에 영향을 줄 수 있다는 견해도 있다. 언어와 사고의 관계를 통해 이를 살펴보자.

2. 언어와 사고

언어와 사고의 관계성

　　언어와 사고와의 관계를 옛날이야기를 통해 살펴보자. 먼저 이솝 우화 중에 앞을 보지 못하는 사람들이 코끼리를 만지면서 나름대로 코끼리에 대한 정의를 내리는 이야기가 있다. 평소 코끼리의 모습을 궁금해하던 시각장애인들을 코끼리 앞에 데리고 가서 각자 둘러서서 만지게 했다. 귀를 만진 사람은 코끼리는 곡식을 까부르는 키와도 같다고 했고, 코를 만진 사람은 굵은 밧줄 같다고 했으며, 다리를 만진 사람은 기둥과 같다고 했다. 코끼리의 배를 만진 사람은 담벼락과 같다고 했고, 코끼리의 꼬리를 만진 사람은 밧줄과도 같다고 했다. 각각은 코끼리를 촉각으로 경험한 것을 기준으로 코끼리에 대한 어휘 의미의 정의를 내린 것이므로 이후로 코끼리에 대한 관념은 이들에게는 각자가 경험한 것이 기반이 되어 형성된 것이다. 어휘의 의미는 이렇듯 개인의 경험에 크게 의존한다. 대개 얼마만큼의 경험을 가졌느냐에 따라 해당 어휘의 의미자질의 수가 결정된다. 아리스토텔레스 이후로 언어학자들은 어휘의 의미는 의미자질들로 구성된다고 주장하였다(Shaul & Furbee, 1996; Modrak, 2001). 예를 들어, 강아지를 여러분이 떠올릴 때면, 다리가 넷이고 후각이 발달했으며 사람에 대한 충성심이 높은 성향 등을 연결하는데, 그런 것들이 일반적인 의미 자질들이다. 의미 자질들은 개인의 경험이나 교육을 통해 결정된다. 앞서 든 시각장애인들의 코끼리 경험 예는 코끼리가 가진 여러 의미자질 요소들 가운데 일부분만을 경험해서 코끼리의 정의가 매우 부적절하게 된 경우다.

　　어린아이들이 어휘를 습득할 때 과일반화(overgeneralization)오류를 저지르곤 한다. 어린아이들은 성인 남성을 보고 '아빠'라고 부르는 경우가 있는데. 이런 오류를 저지른 아이는 아빠가 갖는 남성성의 시각적 특징들로만 '아빠'라는 단어의 의미를 정의한 것이다. 즉 많은 의미자질 가운데 본인이 경험한 부분적인 요소로

만 의미 정의를 내리고 그 단어를 사용한 것이다. 아이들은 성장하면서 '아빠'라는 단어가 갖는 의미자질이 단순히 시각적인 것을 넘어서서 관계적, 추상적 의미요소를 포함한다는 것을 배우게 된다. 결국, 개인의 경험이 사고체계를 형성하고 그것을 기반으로 언어 활동을 한다는 측면에서 사고가 언어를 결정한다고 볼 수 있다.

이와 달리, 맹모삼천지교(孟母三遷之敎)의 고사는 반대의 상황을 묘사한다. 맹자가 어렸을 때 살던 곳 근처에 묘지가 있어서 장례절차를 지내는 것을 흉내 내자, 맹자의 어머니는 좋은 환경이 아니라고 판단하여 시장 근처로 이사하였다. 그랬더니 맹자는 시장 상인들의 행동과 말투를 흉내 냈다. 이어서 다시 맹자의 어머니는 이사를 결정했고 이번에는 서당 근처로 이사 갔더니 어린 맹자는 서당에서 들리는 글귀를 따라 말하며 공부하는 습관이 들기 시작했다. 맹모삼천지교의 이야기는 사람이 성장환경의 영향을 받아 자신의 모습을 만들어가는 과정을 보여주는데, 여기서 환경적 요인 가운데 언어 환경이 매우 중요하다. 맹자가 장의사, 상인, 훈장이나 학도들의 언어를 듣고 따라 하면서 자신의 사고가 형성되었을 것이다. 즉 학습 언어가 사고체계에 영향을 줄 수 있는 예이다.

사피어-워프 가설

언어가 사고에 영향을 미친다는 견해는 언어학에서 20세기 초반부터 본격적으로 논의되기 시작했다. 문화인류학자인 프란츠 보아스 Franz Boas는 개별화된 문화실증주의를 주창하면서[11] 언어개별주의(Linguistic Particularism)을 주장했다. 보아스는 미국 개척민들에 의하여 많은 것을 잃어가던 미국 인디언 부족들의 문화와 언어를 보존하고 복구하기 위한 노력의 일환으로서 고유 언어의 개별적 특성을 존중할 것을 제안했다. 보아스는 각 언어는 나름대로 고유한 구조를 지니고 있으며 그 구조는 그 언어를 사용하는 민족의 문화나 지리적 위치와 상관관계가 있다

---

11) 보아스의 문화인류학 연구 방법과 주요 주장은 김동주(2019)를 참조하시오.

고 주장했다. 언어개별주의에서는 각 언어의 핵심구문이나 기본어휘들을 중심으로 언어 간의 차이가 사고와 문화의 차이를 어떻게 반영하는지가 연구된다. 보아스는 이와 같이 언어와 문화 간의 관계에 관심을 가졌으나, 에드워드 사피어 Edward Sapir와 벤자민 리 와프 Benjamin Lee Whorf는 언어와 사고 간의 관계에 더욱더 관심을 가져서, 언어가 사고를 지배한다는 언어결정주의(Linguistic Determinism), 더 나아가서 각 언어는 상대적인 차이가 있고 그 차이 때문에 사고나 세계관이 달라진다고 보는 언어상대주의(Linguistic Relativism)를 주장했다. 이것이 사피어-워프 가설(Sapir-Whorf Hypothesis)이다. 특히 언어상대주의적 입장에서는 사람들의 세계관은 자연적, 지리적 환경에 의해 만들어지며 언어로 표현되는데, 언어사용자들이 그 언어를 습득하고 사용하는 과정에서 그런 세계관이 갖추어지고 강화된다고 본다.

사피어-워프 가설의 대표적인 예증은 미국 인디언 호피 Hopi 부족의 언어에서 시간 개념에 대한 논의를 통해서 제공되었다. 워프의 주장에 따르면 호피 부족의 언어에서 시간이라고 부를 만한 단위의 표현이 없고, 과거, 미래, 영속성, 지속성 등을 직접 지칭하는 단어, 구문, 형식 등이 없다. 워프는 그 이유를 호피어에서는 시간을 직선적 순서 개념으로 보지 않고 순환적 개념으로 보기 때문이라고 이야기했다. 호피 부족에서 태어난 아이는 호피어를 배우면서 직선적 시간 순서와 관련된 표현이 아니라 어제는 오늘과 같은 하루로 인식하는 순환적 시간의 표현만 경험하므로 사고체계에서 시간에 대한 인식이 미국인들과는 다를 것이다. 하지만 뒤이은 호피어 연구에서 호피어에는 시제 표현 문법 장치는 없지만 시간을 나타내는 단어들은 있음이 밝혀졌다(Malotki, 1983).

언어가 사고를 지배한다는 가설은 많은 인지심리학자나 언어학자들의 비판을 받아왔다. 사피어-워프 가설이 내세운 여러 증거들이 깊이 연구된 결과를 기반으로 하지 않았으며 과학적 분석이라고 보기 어렵다는 비판들이 있다(Pinker, 1994). 그러나 우리는 언어가 사고를 지배하지는 않더라도 어느 정도 영향을 미친다는 것을 일상생활에서 직관적으로 느끼는 경우가 있다. 2015년도 이코노미스트 The Economist 인터넷판 기사에서는 심리학자인 레라 보로디츠키 Lera Boroditsky의 논의를 소개하고 있는데, 호주 쿠우크 타아요르 Kuuk Thaayorre 부족 언어에서는 좌우를 표현하는 어휘가 없고 모든 방향은 동서남북에 해당하는 어휘로 표현된다고 한다. 이 부족민들의 아이들은 동서남북 표현만 습득하고 사용하므로 언어습득이 완성된 후 행동방식을 살펴보면 다른 민족들보다 동서남북의 방향을 훨씬 더 정확하게 판단해낸다. 이는 어느 정도는 언어적 특성이 사고체계에 영향을 미친 결과라고 볼 수 있다.

그렇다면 사고가 언어를 형성하는가 아니면 언어가 사고에 영향을 미치는가? 이와 같은 이분법적 질문은 큰 의미가 없다. 본인은 언어와 사고는 일방향적인 영향이나 통제가 아니라 쌍방향적인 관계로 유기적으로 연결되어 있다고 생각한다. 언어의 사용역을 문화로 확대해보더라도, 어떤 문화권의 언어에서나 그 문화를 표현하기 위해 언어표현과 구조가 만들어지며, 그렇게 만들어진 것들은 사용자들 문화에 영향을 미칠 수 있다. 예를 들어, SNS의 발달로 모바일 기구를 활용한 문자언어 사용에서 축약어나 두문자어(頭文字語; acronym)가 많이 쓰이는데 이는 문자 활용의 환경적, 도구적 이유에 기인하는 것이라고 볼 수 있다. 축약어나 두문자어의 빈번한 사용은 이런 문화를 경험하는 집단 구성원들이 의사소통을 빠르고 단속적으로 진행하게끔 의식을 바꿀 수 있다. 사실 이런 현상은 우리나라에서뿐만 아니라 세계 여러 곳에서 목격되고 있다.

언어와 사고: 인지과학과 뇌과학

언어와 사고와의 관계를 과학적으로 분석하기 시작한 것은 심리언어학(Psycholinguistics)과 인지심리학(Cognitive Psychology)과 같은 실험심리학의 발달 시기와 궤를 같이하며 이 두 분야는 근자에 인지과학(Cognitive Science)으로 통합되는 추세에 있다. 심리언어학은 언어습득과정과 언어사용에서 나타나는 정신적 활동의 작동 원리를 연구하는 분야이며, 인지심리학은 정보 처리 과정에서 지식을 어떻게 받아들이고 가공하고 활용, 표출하는지를 연구하는 분야이다. 인간이 접하는 정보는 대부분 언어로 되어있으므로 언어발달과 언어정보의 지각과 처리 및 산출이 중요 연구주제 중의 하나이다. 언어정보는 시각적 정보와 청각적 정보로 나누어진다. 초기에 이 두 분야에서는 주로 시각적 언어정보 처리를 실험적으로 연구하였다. 초보적인 예를 들자면, 컴퓨터 모니터에 다음 영어문장을 영어원어민 피험자에게 보여주고 피험자의 눈동자 움직임을 측정한다.[12]

James did not meet Susan that Mary wanted __ to see him as soon as possible.

James부터 시작된 눈동자의 움직임은 문장을 따라 오른쪽으로 가다가 빈칸 지점에서 잠시 멈칫하고는 다시 왼쪽으로 가서 Susan에서 멈추었다가 다시 오른쪽으로 간다. 이는 문장처리에서 관계절의 빈 부분(gap)을 복구하려는 현상으로서, 위의 문장에서 실제로 빈 부분이 있음을 입증한다.[13]

언어습득과 관련해서 청각적 정보를 듣고 문장구조의 발달 단계를 측정하는 실험도 좋은 예가 될 수 있다. 한 아기가 두 개의 컴퓨터 모니터 A와 B를 앞에 두고 있다. 모니터 A에서는 강아지가 고양이를 따라가고 있고, 모니터 B에서는 고양이가 강아지를 따라가고 있다. 이 아이에게 "고양이가 강아지를 따라가고 있네"라고 말하면 이 경우 생후 1년 된 아이도 모니터 B 쪽으로 시선을 돌린다. 이를 토대로 우리는 생후 1년 된 아이는 동작의 주체가 주어가 되는 경향이 있다는 구문적 특성을 이해하고 있다고 이야기할 수 있다.

인지과학에서 정교한 실험 설계를 통해 인간의 언어처리 과정에서 관찰되는 언

---

[12] 아래 문장에 빈 칸은 독자의 이해를 위해 표시한 것이고 실제 실험에서는 표시되지 않는다.
[13] 생성문법이론에서는 영어 관계절 구문에서 Wh-이동과 유사한 방식의 이동이 있음을 이론적으로 주장했다.

어적, 비언어적 행동방식을 측정하여 언어와 사고와의 관계를 파악한다고 하면, 최근 과학기술의 급속한 발달과 더불어 뇌과학이 발달하면서 언어와 사고와의 관계를 뇌 생리 작용을 기초로 파악하는 신경언어학(Neurolinguistics) 분야가 많은 연구결과를 내놓고 있다. 언어와 관련된 뇌과학 연구에서는 뇌의 자발적인 전기적 활동을 측정하는 EGG(electroencephalography) 기법, 그리고 이 기법을 활용하여 뇌가 언어자극을 포함해서 어떤 자극을 받으면 어떤 변화를 일으키는지 전기 생리학적 반응을 확인하는 ERPs(Event Related Potentials) 방법, 산소를 담고 흐르는 피가 뇌의 어느 부위에서 어떤 자극에 의해 뇌혈류량이 늘어나는지 계산하여 자극에 대한 뇌 활성화 부위를 측정하는 f-MRI(Magnetic Resonance Imaging) 방식 등이 활용된다. 뇌과학에서는 이런 기법들을 이용하여 주로 문장처리 시 뇌의 반응을 측정한다. 예를 들어, 김지인(2017)은 ERP를 이용하여 청년층과 노년층의 한국어 문장 시제 처리 시의 뇌의 반응을 연구하였다. 청년층 집단은 문장을 접할 때 시간 표현 부사를 단서로 시제 표지를 예상하지만, 노년층은 그런 예측을 잘하지 못하는 것임을 ERP의 파형의 차이를 통해 알 수 있었다.

지금까지 살펴본 언어와 사고와의 관계는 문화인류학적 연구에서 실험연구를 거쳐 뇌과학적 분석 연구에 이르러 매우 객관적이고 과학적인 증거를 토대로 연구되고 있다. 문화집단의 언어 행위는 사회언어학적 연구 방법론을 통해 관찰과 데이터를 통해 집단적 사고의 특징을 밝혀내지만, 과학적이고 실증적인 연구에서는 개인의 언어 정보 처리 과정을 밝혀내고 있다. 당연히 문화와 관련되는 언어와 사고와의 관계성은 전자가 아직도 더 많은 시사점을 제시한다.

3. 언어 행위

인간은 언어를 통해 감정을 표현하고 정보를 주고받는다. 이 전체 과정을 언어

행위(verbal behavior)라고 한다. 언어 행위는 핵심이 되는 정보의 전달과정에서 정보의 해석을 위해 여러 가지 변수들이 관여하게 되고 그 변수들 가운데 특히 문맥(context)이 가장 중요한 역할을 한다. 다음에서는 언어 행위의 과정과 그 과정에서 작용하는 변수들의 영향에 대해 영어 데이터를 중심으로 화행과 담화분석의 개념들을 이용하여 알아보기로 한다.

화행(Speech Act)

언어가 행위로서의 가치를 가지기 위해서는 언어를 이용하여 우리가 어떤 행위를 하거나 행위가 일어나게 해야 한다. 우리가 일상적인 대화에서 발화하는 문장들은 요청, 경고, 사과, 약속, 설명 등과 같은 일정한 목적을 가지며 각 문장은 목적 달성을 가능하게 하는 힘을 갖는다. 철학자인 존 랭쇼 오스틴 John Langshaw Austin은 이와 같은 견해를 피력하면서 화행을 발화행위(locutionary act), 발화수반행위(illocutionary act), 발화효과행위(perlocutionary act)의 세 가지 행위로 분류했다(Austin, 1975).

발화행위는 의미전달 가치를 가진 문법적인 문장 그 자체이다. 다음 문장을 살펴보자.

I feel bad today.

이 문장에서 주어의 기분이 나쁜 상황을 의미 있게 전달할 수 있다면 이 발화행위는 발화력(locutionary force)를 가진다고 할 수 있다.

발화수반행위는 화자가 문장을 통해 의미를 전달하는 의도와 관련된다. 아래 문장의 동사 promise에 주목하자.

I promise you to arrive before noon.

화자가 이 말을 하는 의도는 특정 사안에 대해 약속을 하고자 하는 것이며, 이 의도가 해석될 수 있으면 발화수반력(illocutionary force)이 있다고 할 수 있다. 발화수반행위에는 특정한 수행동사들이 큰 역할을 하는데, 영어에서 request, promise, sentence, require, allow 등, 발화 의도가 명확하게 드러나는 동사들이 그러하다. 물론 수행동사가 사용되지 않고도 간접적으로 의도를 표명할 수는 있다.

I will see you then.

위 문장에서 특정한 수행동사가 사용되지 않았지만 화자는 약속을 하는 의도를 갖고 있고 그것을 표현했다.

발화효과행위는 발화문을 통해 특정한 결과가 생겨나는 것을 의미한다. 특정한 결과를 얻기 위해서는 발화문이 청자의 행동이나 감정의 변화를 가져와야 한다.

You are driving too fast. Slow down!

청자가 위 문장을 듣고 차량 속도를 감속한다면 이 문장은 발화효과력(perlocutionary force)이 있다고 이야기할 수 있다.

Austin(1975)은 발화수반력과 발화효과력이 유효하려면 화행이 적절한 조건을 충족해야 한다고 주장했다. 이 조건을 적정조건(felicity condition)이라고 한다. 신입사원이 직장 상사에게 다음과 같이 말한다고 가정해보자.

I order you to work till 9 PM.

독자들도 상상하겠지만 위와 같은 발화문은 상황에 맞지 않는 말로서, 적정조건을 어기는 것이다. 이 경우에는 화행의 주체가 그 화행이 이루어질 수 있게 하는 적절한 권력을 갖고 있지 않으므로 준비조건(preparatory condition)을 어겼다고 할 수 있다.14)

개별 문장을 구조 중심으로 분석하거나 의미에 초점을 맞추며 문장의 진리치를 강조한 언어학적 접근들에 대한 반발에서 출발한 화행이론은 우리가 일상생활에서 사용하는 언어의 본질을 파악하고자 하였다. 그러나 몇 가지 비판에 직면한다. 첫째, 존 랭쇼 오스틴과 존 서얼 등은 문장의 문맥을 거의 고려하지 않고 자신들의 언어적 직관에 의존해서 연구했다. 둘째, 따라서 화행이론은 의사소통 기능을 소홀히 다루었다. 셋째, 화행이론에서는 청자 시점을 등한시하고 화자의 화행에 초점을 맞추었다.(Barron, 2003)

이와 같은 비판에도 불구하고, 화행이론은 언어의 실제적 사용에 초점을 맞추었다는 점에서 그 가치가 크다고 하겠다. 언어와 사고, 그리고 언어와 문화 간의 관계를 논의할 때, 언어의 작용역이 단순히 문장 단위의 구조 측면에서 벗어나 언어를 가지고 인간이 무엇을 하는지에 대한 측면으로 확장했다는 점에서 화행이론은 문화 소재를 활용한 외국어 교육에서도 시사점이 있다.

담화분석(Discourse Analysis)

다음 영어문장은 일반적인 영어 통사규칙으로 명제 의미를 파악하기는 어렵다.

No pain, no gain

---

14) 이 외에도 Searle(1975)는 명제내용조건(content condition), 성실조건(sincerity condition), 핵심조건(essential condition) 등을 제안했다.

위 문장은 고통 없이는 성취할 수 없다는 의미를 전달하는데, 앞부분과 뒷부분은 원인과 결과의 관계를 갖는 것으로 해석된다. 엄밀한 규칙을 적용하면 비문법적일 수도 있는 문장에서, 우리는 화자의 의도를 파악하고 그 이면의 배경지식을 근거로 문장의 의미를 파악한다.

다음 대화도 문장 수준의 해석의 영역을 넘는 담화구조를 보여준다.

A: Dinner!
B: Just a minute!
　(Brown, 2007: 226)

A의 표현은 저녁이 준비되어 있으니 와서 먹으라는 의미를, B의 표현은 아직 하던 일이 있으니 잠시만 기다리라는 의미를 각각 함축한다. 함축(entailment)과 전제(presupposition)는 전체 완결 표현의 부분적 생략을 통해 표현을 단순화시켜서 우리가 언어를 매우 경제적으로 사용할 수 있게 해준다. 물론 단순화의 기저에는 일상 대화에서 우리가 공유하는 경험 또는 배경지식과 약속된 담화분석 조건들이 작용한다. Halliday & Hasan(1976)은 텍스트가 일관성을 갖기 위해서는 두 가지 조건을 충족해야 한다고 주장했다. 첫째, 텍스트는 전체 맥락과 일관되게 연결된 내용을 전달해야 한다. 둘째, 텍스트는 각 부분이 연결성(cohesion)을 가져야 하며 그러기 위해서는 특정한 장치(주로 대명사)들을 적절히 사용해야 한다. 다음 2020학년도 수학능력시험 영어 35번 문제를 함께 풀어보자.

35. 다음 글에서 전체 흐름과 관계 없는 문장은?[15]
　Although commonsense knowledge may have merit, it also has weaknesses,

---

15) 정답은 3번임.

Ⅱ. 언어와 문화

not the least of which is that it often contradicts itself. For example, we hear that people who are similar will like one another ("Birds of a feather flock together") but also that persons who are dissimilar will like each other ("Opposites attract"). ① We are told that groups are wiser and smarter than individuals ("Two heads are better than one") but also that group work inevitably produces poor results ("Too many cooks spoil the broth"). ② Each of these contradictory statements may hold true under particular conditions, but without a clear statement of when they apply and when they do not, aphorisms provide little insight into relations among people. ③ That is why we heavily depend on aphorisms whenever we face difficulties and challenges in the long journey of our lives. ④ <u>They</u> provide even less guidance in situations where we must make decisions. ⑤ For example, when facing a choice that entails risk, which guideline should we use ― "Nothing ventured, nothing gained" or "Better safe than sorry"?

이 문제 자체는 독자가 담화응집성(coherence)에 어긋나는 부분을 찾아낼 것을 요구하고 있다, 위 지문에 본인이 추가로 They에 밑줄을 그어놓았는데, 추가적인 문제로 "밑줄친 They가 지칭하는 것은?"이라는 문제를 내면 독자는 선행사와 대명사의 연결을 찾아 연결성 정보를 처리하게 된다. 영어 읽기 교육에서 텍스트를 이해하는 훈련을 위해 이와 같은 담화분석이 적용된다. 또한 영어 말하기 교육에서도 담화구조를 어떻게 이끌어가는지를 훈련하는데, 이는 대화분석(conversation analysis)을 통해 이루어진다.

문화는 대화를 통해 구축된다. 우리가 정보를 주고받으며 공유하고 활용하는 과정에서 언어를 문화 창조와 확산의 매개로 사용한다. 일반적으로 대화를 구성하는 단계는 다음과 같다.

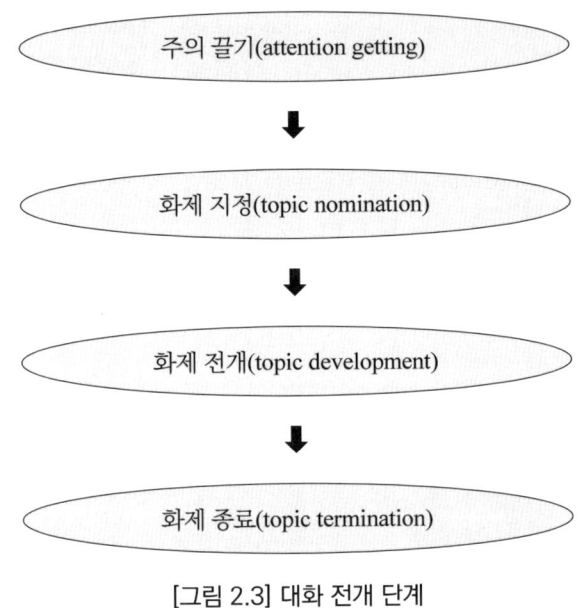

[그림 2.3] 대화 전개 단계

대화는 화자가 청자의 주목을 이끄는 것에서 시작하며 그다음으로 대화의 주제, 즉 화제를 집어내서 제시하는 단계로 넘어간다. 정해진 화제가 전개되면서 대화가 지속되는데, 이 과정에서 화제 명료화(topic clarification) 요청, 화제 변경(topic shifting), 화제 회피(topic avoidance) 등의 언어 활동이 수반될 수 있다. 마지막 단계에서 언어적 표현이나 비언어적 행동을 통해 대화를 종료하게 된다.

폴 그라이스 Paul Grice는 대화를 이어가면서 청자와 화자는 상호 간에 다음과 같은 격률(maxim)을 지킬 것으로 서로 예상한다고 했다.

- 질의 격률(Maxim of quality): 진실을 말하라.
- 양의 격률(Maxim of quantity): 상호 이해에 필요한 양만큼만 말하라.
- 관련성의 격률(Maxim of relevance): 화제와 관계있는 것만 말하라.

• 방법의 격률(Maxim of manner): 명료하게 말하라.

우리는 일상 대화에서 위와 같은 격률을 지킬 것으로 예상되지만 때로는 의도적으로 이를 어겨서 자신의 생각을 전달하기도 한다.(Khosravizadeh & Sadehvandi, 2011:122-123)

1. 질의 격률 위배: 거짓말

    Mother: Did you study all day long?

    Son who has been playing all day long: Yes, I've been studying till now!

2. 양의 격률 위배: 요청한 질문에 충분한 대답을 하지 않은 경우

    John: Where have you been? I searched everywhere for you during the past three months!

    Mike: I wasn't around. So, what's the big deal?

3. 관련성의 격률 위배: 질책성 질문에 관련 없는 이야기로 질책을 회피하는 경우

    Teacher: Why didn't you do your homework?

    Student: May I go and get some water? I'm so thirsty.

4. 방법의 격률 위배: 질문에 장황하게 대답하여 요점이 전달이 안 되는 경우

    Sarah: Did you enjoy the party last night?

    Anna: There was plenty of oriental food on the table, lots of flowers all over the place, people hanging around chatting with each other…

모국어로서 한국어를 '잘'하는 사람들이 영어도 '잘'한다고 이야기를 하는 경우가 있다. 이 말은 언어의 구조적 지식의 활용에서 전이가 있다는 말이 아니고 지금까지 살펴본 화행이나 대화 이어가기 능력이 뛰어남을 의미한다. 영어교육에서 문장 단위의 문법 지식보다 의사소통 능력의 배양이 주요 목적이 되면서 화행과 담화능력의 훈련이 교수-학습에서 중요한 영역으로 등장하였다. 따라서 문화 소재를 활용한 영어교육에서도 목표어인 영어의 화행과 담화구조를 확인하고 한국어와의 차이를 문화적 배경의 차이에 기초하여 알아보는 것이 의미가 있다고 하겠다.

4. 서사(敍事) 행위(Story-Telling)

언어 행위가 가치를 가지기 위해서는 이를 통해 특정한 결과가 일어나야 한다. 언어 행위는 요구, 경고, 약속, 선언 등과 같은 목적을 가지며 각 문장은 목적 달성을 가능하게 하는 힘을 갖는다. 앞에서 말했듯이 그 힘의 결과는 생활의 복잡한 문맥(context) 속에서 다양하게 그리고 구체적으로 작동한다. 다음 문장을 살펴보자.

I will see you tomorrow.

이 문장은 일반적으로 약속을 하는 의도를 가지고 그것을 표현했다고 볼 수 있다. 다음날 실제로 만날 때까지 약속이라는 발화수반력(illocutionary force)이 지속된다. 다음날 만나게 되면 비로소 약속의 언어 행위는 완수되고 소멸한다. 이제 이 문장을 다른 문맥에서 어떤 행위로 이해되고 어떤 결과를 가져올지 상상해 보자.

한 사무실에서 같이 일하는 팀원이 퇴근하며 "See you tomorrow!" 하고 사무실을 나간다면 내일 만날 것을 약속하는 언어 행위가 아닌 퇴근한다는 업무 종결의 언어 행위이다. 이는 언제나 퇴근하면서 듣는 말로 동료가 왜 약속을 해야 하는지 질문하는 경우는 없다. 두 번 생각하지 않는 일상적 언어로 일종의 업무 종결 의식(ritual)과 같다. 또 같은 문장 표현의 결과를 다른 문맥에서 생각해 보자. 한 여성이 남자친구와 오랜 연애 후 안 좋은 방식으로 헤어졌고, 이후에 새로운 남자친구와 결혼을 앞둔 상황이라고 가정하자. 결혼식 전날 뜻밖에 걸려온 전 남자친구의 전화에서 전 남자친구로부터 "See you tomorrow."라는 말을 듣는다면 여성의 입장에서 이는 분명한 경고 혹은 협박의 행위로 이해될 것이다. 이렇듯 본질적인 의미를 담은 하나의 명제(proposition)는 다양한 맥락에서 각각 다른 발화수반력을 가지고 있음을 알 수 있다.

이제 서사, 즉 스토리의 경우를 살펴보면, 이러한 발화수반력은 그 효과의 양상이 한 문장에 비해 더 복합적이고 중층적인 결과를 가질 수밖에 없다. 서사를 대상으로 하나의 문장에 대해 각기 다른 발화수반력으로 분류하는 것은 서사 단위에서 큰 의미가 없다. 서사의 장르적인 목적, 텍스트의 성격, 화자의 의도와 우리의 경험과 배경지식에 따라 스토리텔링(Story-Telling), 즉 서사 행위를 스토리 전체를 통해 해석할 수 있다. 의미와 효과란 측면에서 스토리를 이루는 문장의 합이 스토리텔링의 결과와 같다고 말할 수 없다. 주어진 문장의 명제와 확연하게 구분되는 서사 행위, 즉 스토리텔링으로 이해될 수도 있다. 다음의 예를 보자.

<The Goose that Laid a Golden Egg>

A Man and his Wife had the good fortune to possess a Goose which laid a Golden Egg everyday. Lucky though they were, they soon began to think they were not getting rich fast enough, and, imagining the bird must be made of gold inside, they decided to kill it in order to secure the whole store of precious metal at once. But when they cut it open, they found nothing. Thus, they neither got rich all at once, as they hoped, nor enjoyed any longer the daily addition to their wealth.

이솝 우화의 <거위와 황금알>의 한 버전이다. 요약하면, 어떤 부부가 매일 거위로부터 황금알을 얻어 부자가 되었고, 부부는 거위의 배 속에 많은 황금알이 있을 것으로 생각해 거위를 죽이고 배를 갈랐다는 내용이다. 스토리는 거위 배 속에서 아무것도 찾지 못했다는 결과로 종결된다.

<거위와 황금알>은 전형적인 우화로 탐욕으로 인하여 모든 것을 잃는다는 교훈을 담고 있다. 욕심 많은 부부가 황금알을 낳는 거위로 부자가 되었지만, 탐욕으로 인해 거위를 죽이고 더 큰 부를 누리고자 욕심을 부려 바라지 않은 결과가 나왔다는 이야기로 과한 욕심을 내지 말라는 작가의 메시지를 쉽게 인지할 수 있다. 초등학생이 읽어도 그 교훈을 알 수 있는 주장을 담은 논평적인(argumentative)인 언어 행위라고 볼 수 있다.

언어적으로 보면 모든 동사는 과거 시제의 행위와 결과로 이루어져 있고 스토리 어디에도 "욕심을 내지 말라"는 현재 시제의 항시적 교훈에 해당하는 문장은 없다. 스토리를 통한 교훈과 논평이 목적이기 때문에 이 글은 사실적(referential)이지도, 친교적(phatic)이지도, 미학적(poetic)이지도 않다. 사실적인 서술 목적이 없으므로 부부의 직업이나 생김새, 사건의 발생 장소 및 시기 등에 관한 정보가 없다. 이 장르에서는 언제, 어디서, 누가 했는지는 중요하지 않고 오직 인물의 행위와 그 결과가 무엇보다 본질적이다. 마찬가지로 산문의 미학적 형태나 스타일에 대한 고려도 없다. 2500년 전의 작가와 현대의 독자의 친교적 관계 설정이나 친밀감을 위한 언어사용도 미미하다고 할 수 있다.

<거위와 황금알>은 일반적인 스토리와 같이 복합적인 언어 행위들과 기능적 요소들을 동시에 가지고 있다고 할 수 있지만, 지배적인 기능은 논평적이다. 대단히

Ⅱ. 언어와 문화

서사적이면서, 전혀 정보적이지 않고, 아이러니하게도 논평적인 문장 없이 매우 논평적인 스토리텔링이라고 할 수 있다. 이어서 다음 예시를 보자. 아래의 <Joe College>는 19살 대학생 조셉 스키아보네의 술버릇과 관련된 스토리로 <Diagnostic and Statistical Manual of Mental Disorders, 5th edition> 사례집에 수록된 내용 일부이다.

> Joseph Schiavone, a 19-year-old college freshman, spends an afternoon drinking beer with his fraternity brothers. After 8-10 glasses, he becomes argumentative with one of his larger companions and suggests that they step outside and fight. Normally a quiet, unaggressive person, Joseph now speaks in a loud voice and challenges the larger man to fight with him, apparently for no good reason. When the fight does not develop, he becomes morose and spends long periods looking into his beer glass. He seems about to cry. After more beers, he begins telling long, indiscreet stories about former girlfriends. His attention drifts when others talk.

스토리를 요약하면, 조셉 스키아보네는 오후에 동료들과 술을 마시며 시간을 보내는데, 보통 8-10잔의 맥주를 마시고 나면 자신보다 더 큰 동료와 논쟁을 일으키려 하고 특별한 이유도 없이 싸움을 건다. 평상시에는 조용한 성품의 학생이지만 술을 마시고 나면 공격적인 성향과 불안정한 감정변화를 보여준다.

<Joe College>라는 제목에서도 볼 수 있듯이 이 이야기는 거명된 특정한 인물과 과거의 구체적 사건을 넘어서서 알콜 중독자의 일반적 증상을 보여주고 있다. 스토리의 내용은 구체적이지만, 조셉 스키아보네, 19살, 맥주 8~10잔 등을 사실적인 정보로 보기 힘들고, 특정인보다는 알콜 중독에 걸린 일반적인 대학생을 가정하고

있다고 할 수 있다. 따라서 스토리의 시제 역시 현재형을 통해 기술하고 있고 보편성을 강조한 스토리텔링이라고 할 수 있다.

<정신장애 진단 및 통계 편람 5판 사례집>은 증상별로 정신장애를 보여주는 스토리 부분과 이에 대해 의학적으로 논의하는 부분으로 구성되어 있다. 스토리가 끝나고 다음과 같은 논의가 뒤따른다.

> Discussion of <Joe College>
> Although intoxication in the physiological sense occurs in social drinking, maladaptive behavior is required for the DSM-5 diagnosis of Substance Intoxication. In Joseph's case there is evidence of disinhibition of aggressive impulses (picking a fight), impaired judgement (telling indiscreet stories), mood lability (argumentative, then crying and morose), and physiological signs (incoordination and unsteady gait) of intoxication.

제시된 논의 부분의 핵심은 의학적 용어와 증상 감별법에 관한 내용으로 정신과 의대생과 수련의 등 진료 경험이 없어 의학적으로 난해한 개념과 감별이 어려운 증상을 이해시키기 위해 스토리로 보조하고자 하는 의도에서 만들어졌다. 스토리는 감별을 위한 하나의 예로 사용되고 있음을 알 수 있다. 따라서 이 글의 지배적인 기능은 예시적이고 도구적인 스토리텔링이라고 할 수 있다.

앞에서 언급했듯이 "See you tomorrow!"는 팀원과의 업무를 종결하는 친교적 요소가 강조될 수도 있고, 상호 간 약속을 성립시키는 언약하는 언어 행위로 이해될 수도 있고 또는 언어활동 요소보다는 언어사용 의도에 따라 상호작용적이거나 통제적인 언어 사용으로 상황에 따라 분류할 수도 있다. 스토리텔링도 같은 명제의 다양한 활용과 같이 하나의 사건에 대해 차별화된 서사적 활동으로 인식될 수 있으며 문화권별로 그 양상이 다를 수 있다.

II. 언어와 문화

다음은 사건 사고를 다룬 뉴스 스토리의 일부로 도입 부분이다.

<Man Kills Wife, Son and Then Himself> (Los Angeles Times, April 10, 2006)

An active member of a local Korean church shot and killed his wife and 8-year-old son before turning the gun on himself, police said Sunday. The 55-year-old man, whose name was not released, also shot his teenage daughter in the head, police said. She was expected to survive despite having lain wounded in the family's apartment for hours before parishioners from her family's church arrived and summoned help.

사건을 요약하면, 로스앤젤레스의 한 한국교회 교구민 남성이 아내와 아들, 딸을 총으로 쏜 후 자살했다는 내용이다. 딸은 머리에 총상을 입고 사건 현장에 오랜 시간 방치되었음에도 불구하고 생존할 것으로 예상하고 있다.

L.A 타임즈의 위 스토리는 육하원칙에 따라 팩트 위주로 전달하고 있다. 간결한 문장과 객관적 인용표기로 최대한 기자의 의견과 관점을 배제하고 과거에 일어난 사건 자체를 전달하는 것을 장르의 목적으로 한다. 이 스토리의 형식은 가장 중요한 정보를 가장 앞 단에 제시한다. 중요도 순서로 사실적 정보를 제시하므로 몇 줄만 읽어 보아도 핵심적인 사건의 개요를 금방 파악할 수 있다. 발단, 전개, 위기, 결말의 일반적인 이야기와 달리 역순으로 제시하여 사건의 결과로부터 시작해서 사건의 원인, 전개 과정에 대한 정보가 뒤따른다. 또한, 각종 인터뷰를 통해 직접 혹은 간접 인용을 하여 기자의 사실적 사건 기술을 지지하고 있다. 따라서 예시된 뉴스-스토리는 단언적이고 사실적인 스토리텔링이라고 할 수 있다.

다음은 같은 살해 사건을 다룬 L.A 타임즈의 또 다른 뉴스-스토리이다.

<The Daughter> (Los Angeles Times. October 29, 2006)

She blinked and wondered how long she had been asleep. She saw the Chanel ads and Vogue magazine pages taped to her white walls. She blinked again. Her head pounded. She saw the photos of her high school friends tacked to a bulletin board. Bin Na looked up at her twin bed. **Why, she wondered, was she on the floor? Why was her head throbbing?** It was Saturday, April 8, 2006, but Bin Na Kim did not know it. All she could remember was the day before--her last day of school before spring break at the Los Angeles Center for Enriched Studies. (중략) Now, on her bedroom floor, Bin Na worried. **Could it be Saturday already? What time was it?**

위 뉴스-스토리의 특징은 피해자인 딸의 시점이 포함되어 있다는 것이다. 도입부를 보면, 피해 당사자인 그녀(She)는 눈을 뜨고 얼마나 잠들어 있었는지 의아해한다. 곧 그녀의 시각에 들어온 것은 벽에 붙어 있는 샤넬의 광고와 패션 잡지 페이지들이다. 이내, 그녀는 머리가 아픈 것을 인지한다.

도입 부분은 사건의 현장을 클로즈업하여 하나의 장면으로 연출하고 있다. 서술자(narrator)는 도입 부분에서 현장을 간략하게 서술한 후, 소설 속의 3인칭 전지적 시점의 서술자와 같이 자연스럽게 "그녀"라는 인물의 생각 속으로 진입하고 있다. "그녀는 왜 바닥에 있는 건지 의아했다. 왜 머리가 지끈거린 걸까?"(Why, she wondered, was she on the floor? Why was her head throbbing?) 서술자인 기자는 당연히 총격으로 인한 통증인 것을 알고 있지만, 스토리 속의 캐릭터인 그녀는 방금 눈을 뜬 상황에서 전후 관계를 알 리가 없다. 이후 서술자는 다시 직접서술(direct narration) 방식으로 그녀가 모르고 있는 정보를 독자들과 공유한다 (It was Saturday, April 8, 2006, but Bin Na Kim did not know it.). 그리고 서술은 다시 그녀(Bin Na)의 생각 속으로 옮겨 간다. (Could it be Saturday already? What time was it?)

볼드체로 표시한 이 서술방식은 자유간접화법(free indirect speech)으로 캐릭터의 의식을 녹여내는 데 적합하고 캐릭터의 감정 상태를 구체적이고 생동감 있게 전달하는 장점이 있다. 심지어 캐릭터가 쓴 특징적인 단어, 감탄사 등을 충실하게 반영할 수 있어서 캐릭터의 감정을 간접화법보다 더 잘 느끼도록 해 준다. 언어적으로 보면 대명사와 과거시제를 통해 서술자의 시점에서 구현된다는 점과 캐릭터의 언어와 감정을 최대한 충실하게 반영한다는 점에서 사실적 뉴스-스토리텔링에서 찾아보기 힘든 이중적인 서술방식이다. 서술자와 캐릭터의 목소리가 순차적으로 때로는 동시에 반영되고, 말하는 자(the one who tells)와 보는 자(the one who sees)가 구분되고 때로는 통합되는 방식이다.

이 뉴스-스토리는 정보의 정확성, 신속성을 강조하는 본연의 뉴스 가치보다는 극화된 전개 과정과 인물의 심리 표현에 관심을 더 가지고 있다. 일반적 뉴스-스토리와는 달리 모더니즘 글쓰기 방식을 사용하여 미학적이고 읽는 즐거움을 주기 위한 장치로 뉴스-스토리의 예술적 행위가 강조된 스토리텔링이다.

등장인물들의 특징과 더불어 사건을 재구성한 스토리는 위의 뉴스-스토리에서 보듯이 서술자의 관점에 따라 다른 서사 행위로 느껴진다. 뉴스-스토리에서 보듯이 서술자와 등장인물은 실제로 문화에 참여하는 개인들이고 고유한 갈등이나 조화 관계를 형성하며, 문화 내부 경험자 각자의 입장에서 외부 관찰자들이 보는 것과는 다른 견해를 가진다. 스토리텔링은 인류 보편적인 면도 있지만 문화별로 차이가 있을 수 있다. 따라서 영어교육 현장에서 스토리를 활용한 문화교육 활동을 할 때, 문화권별 스토리텔링의 특징을 염두에 두고 스토리를 소개하는 것이 바람직하다.

III
문화 이해

- 문화간 소통
- 문화이해
- 문화간 소통 저해 요인
- 문화적응

III. 문화 이해

1. 문화간 소통

과학 기술의 발달로 다양한 소통방식이 개발되었으며, 우리는 이전보다 더 자주 외국인과 소통하고 있다. 외국과의 활발한 교류를 통해 우리나라는 다국어화, 다문화화되고 있으며, 이로 인해 국외에서뿐만 아니라 국내에서도 주로 국제어인 영어를 매개로 한 다문화 소통능력에 대한 요구가 커지고 있다. 문화에 대한 이해를 기반으로 한 원활한 문화이해 의사소통 능력이 우리가 세계시민으로서 갖추어야 할 역량 중 매우 중요한 역량이다. 외국인과의 소통에서 우리와 상대방 문화와의 차이를 이해하는 것이 중요하며, 언어로 이루어지는 소통에서도 당연히 해당 언어의 문화적 배경에 대한 이해가 부족하다면 바람직한 관계의 정립이 어렵다.

따라서 문화간 이해와 문화간 의사소통 능력은 외국어 교육과 학습에서 매우 중요한 위치를 차지한다. 소통하는 상대방의 경험과 감성을 고려하지 않고 언어를 단순히 정보전달의 매개체로만 보게 되면 원활한 소통이 이루어질 수 없으므로 외국어 교육에서는 문화간 의사소통 능력을 가장 핵심적인 능력으로 간주해야 한다.

언어능력

우리는 모국어를 습득하거나 외국어를 학습하면서 목표 언어를 구사할 수 있는 능력을 갖추게 된다. Chomsky(1965)는 인간이 갖는 언어 구사 능력을 언어능력(competence)이라고 명명하고 이를 같은 언어집단 내에서 이상적인 화자와 청자가 공유하는 지식이라고 규정했다. 그는 언어능력을 언어수행능력(performance)

과 구별하였는데, 언어수행능력이란 언어 지식을 실제 언어사용 환경에서 적용하는 과정을 지배하는 능력이라고 규정했다. 그가 이렇게 두 가지 영역으로 언어 구사 능력을 나눈 것은 실제 언어사용에서 많은 오류가 있으므로 이런 표면적인 언어수행의 오류들을 배제하고 순수한 언어 지식에 해당하는 언어능력만을 연구의 대상으로 삼기 위함이었다.

언어능력과 언어수행능력 구분은 논리적으로 타당하지만, 언어 연구에서 당시 주도적인 이론이었던 생성문법이론이 언어능력만을 다루면서 언어수행능력이 많은 관심을 받지 못하게 되었다. 이에 대한 반발로 Hyms(1972)는 인간의 언어구사 능력을 문법적으로 올바른 문장을 만들어내는 언어적 능력(linguistic competence)과 상황에 맞게 언어를 산출하고 이해하는 의사소통 능력(communicative competence)으로 나누었다. 더 나아가서 Widdowson(1983)은 의사소통 능력을 언어적 능력과 사회언어학적 능력을 모두 포괄하는 언어능력(competence)과 언어 지식을 사용하는 능력인 역량(capacity)으로 나누었는데, 이는 지식과 활용의 구분으로 볼 수 있다. Canal & Swain(1980)과 Canal(1983)은 의사소통 능력을 다음과 네 가지의 능력으로 구분했다.

- 문법 능력(Grammatical competence) : 언어의 단위와 구조에 대한 지식
- 담화 능력(Discourse competence) : 문장을 적절한 맥락에 넣어 전체 담화의 의미를 만드는 능력
- 사회언어학적 능력(Sociolinguistic competence) : 사회적인 맥락을 이해하여 적절하게 언어를 사용하는 능력
- 전략적 능력(Strategic competence) : 소통의 끊김을 막기 위해 다양한 언어적 또는 비언어적 도구를 사용할 줄 아는 능력

요약하자면 언어능력은 언어 지식과 그 지식을 활용할 수 있게 해주는 지식의

사용이 핵심이다. 영어로 범주를 줄여서 이야기하자면, 영어 구사 능력의 함양은 영어의 구조에 대한 지식과 영어 표현을 적절한 상황과 영어사용 집단의 문화적 배경을 고려하여 사용하는 능력을 갖추는 것을 의미한다. 따라서 영어를 학습한다는 것은 구조의 학습과 문화의 학습을 토대로 한 의사소통을 학습하는 것이다.

문화간 의사소통 능력

타문화권과의 효과적인 소통을 위해서는 해당 문화에 대한 이해가 선행되어야 한다. 문화간 소통에서 문화 차이를 인식해야 하고 특히 해당 문화의 정체성에 대한 이해가 필수적이란 측면에서 간문화성(間文化性; interculturality)에 대한 의식이 중요하다. 다른 문화를 이해하기 위해서는 그 문화를 접하게 되면서 경험하게 될 불안감과 불분명함에 대한 두려움을 심리적으로 극복하는 것이 필요하며, 문화적 다양성에 대한 긍정적 의식이 역시 필요하다. Ruiz & Spínola(2019)에 따르면 문화간 의사소통을 위해서는 다음과 같은 사항들이 고려되어야 한다.

- 집단을 이루어 살아가는 사회에서 다양성은 가장 중요한 특징이다.
- 소통은 의미의 협상 과정을 통해 사회를 구성하는 도구다.
- 소통의 의도와 해석이라는 과업을 수행하기 위해 추론이라는 인지심리적 행위를 하고, 불안감과 불명확성을 경험하고 극복하면서 성공적인 소통이 가능하다.
- 소통은 상호중립적인 과정이 아니라 사회적 관계의 지배를 받는 과정이다.

따라서 문화간 의사소통은 개인 간의 소통으로서, 소통에 참여하는 각자가 서로 다른 문화적 배경을 가진 상대방과의 개인적 또는 문화적 차이에 따른 장벽을 극복하여 공감하고 이해하며 자신을 성찰하는 과정이라고 할 수 있다.

문화간 의사소통 능력(Intercultural Communicative Competence; ICC)은 바로 앞서 말한 문화간 의사소통을 진행할 수 있는 능력이다. ICC에 대한 일반적인 시각은 다양한데, 세계시민으로서의 문화 소양, 다문화 경험, 국제적 감각, 또는 이와 관련된 특정한 기술 등을 의미하여 어느 하나의 정의로 확정하기 어렵다. 외국어 교육 분야에서 ICC에 대한 정의와 구성 요소를 제시하는 노력이 있었다. 가장 대표적인 것은 마이클 바이람 Michael Byram의 모델에서 제시된 것으로서 그가 제시한 ICC는 다음과 같은 구성 요소로 이루어진다.16)

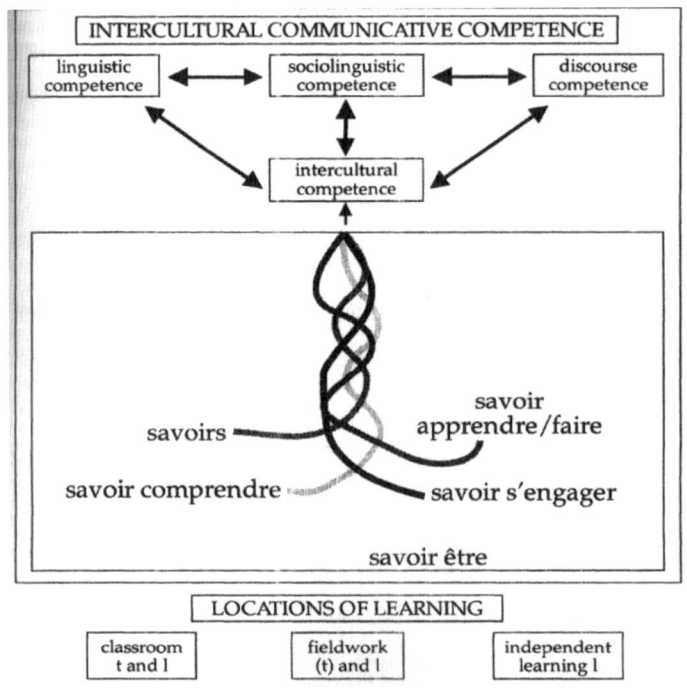

[그림 3.1] ICC 모델(Byram, 1997:73)

---

16) 이 모델의 문제점은 화자가 모델에서 설정한 이상적인 단계에 이르기 전에 ICC는 어떤 모습을 가지며 이상적 단계에 이르는 경로는 어떻게 되는지에 대한 설명이 부족하다는 것이다. 또한 Byram(2009)가 이야기했듯이 위에서 제시된 ICC 구성 요소는 개인적인 성격 인자 등을 배제한 다소 제한적인 요소들이다.(Szuba, 2016:13)

III. 문화 이해

　ICC는 언어능력, 사회언어적 능력, 담화능력, 그리고 문화간 (이해) 능력으로 구성되며, 문화간 (이해) 능력은 아래와 같은 다섯 가지의 하위 지식/능력(savoirs)으로 구성된다.

- 태도(savoir être) : 타문화에 대한 불신과 자신의 문화에 대한 신념을 내려놓고 호기심과 열린 마음을 보여주는 태도와 가치관
- 지식(savoirs) : 상대방 문화권의 사회 집단과 그 집단의 구성원들이 만들어낸 문화적 산물과 관행, 그리고 그들의 상호작용 방식에 대한 지식
- 해석하고 연관짓는 기술(savoir comprendre) : 타문화의 요소를 해석하고 자신의 문화 요소와 관계시키는 능력
- 발견과 상호작용 기술(savoir apprendre/faire) : 타문화에서 발견한 것들을 기초로 지식을 습득하고 지식을 활용하는 능력
- 비판적 문화 인식(savoir s´engager) : 자신의 문화권과 타문화권의 명확한 이념, 관행, 산물 등을 근거로 비판적으로 문화를 평가할 수 있는 능력

　위의 모델을 기초로한 Byram & Fleming(1998)의 정의에 따르면, 자기 문화와 타문화와의 관계를 정립하고 그 차이를 중재하며 설명할 수 있게 되어 결국에는 두 문화의 차이를 수용하고 차이 이면에 있는 공통적인 인간성을 파악할 수 있는 능력이 ICC이다.

　타문화를 경험하는 것은 의사소통 능력이 핵심이 되지만 동시에 경험자의 내적 경험, 즉 심리적, 인지적 측면에서의 요인들의 작용도 중요한 역할을 한다. 다음에서는 문화를 이해하는 구체적인 과정에서 작용하는 요인들과 이해를 저해하는 요소들을 살펴보기로 한다.

2. 문화이해

문화이해의 심리적 과정

　　이슬람교도가 돼지고기를 먹지 않거나 힌두교도가 소고기를 먹지 않는다는 사실을 처음 접한 사람은 왜 그럴까 궁금해할 수 있다. 왜라는 질문은 불확실함을 확실한 사실의 인지로 전환하기 위함이다. 우리가 낯선 문화를 경험하며 그 문화나 문화권의 사람들과 상호작용할 때, 우리는 불확실함에 대한 불안을 심리적으로 경험한다. 불확실함은 언어적 또는 비언어적 의사소통 과정에 근본적으로 내재 되어 있다. 의사소통 과정에서 우리는 우리의 생각을 가능하면 정확하게 전달하고자 하는 목적을 가지며, 동시에 상대방이 전달하고자 하는 바를 가능하면 정확하게 해석하고자 하는 목적을 가진다. 그러나 문화간 차이에 대한 불확실성은 의도하지 않은 잘못된 소통을 만들 수 있으므로, 문화간 소통의 첫 단계에서 필요한 것은 불확실성을 줄이거나 제거하는 것이다. 이를 위해서는 관련된 문화적 배경을 이해하고 결과로 표현된 문화적 산물이나 관행에 공감하는 것이 필요하다.

　　이슬람교 신자들은 왜 돼지고기를 먹지 않을까? 흔히들 이슬람 경전인 코란에서 돼지를 더러운 짐승으로 규정해서 그 규정을 따르는 신자들이 돼지고기를 먹지 않는 것으로 알고 있다. 그러나 Harrison(1987)에 따르면, 이슬람교가 퍼져있는 중동지역은 매우 척박하여 먹는 양이 많은 잡식성인 돼지가 번성하는 경우 그나마 얼마 되지않는 경작지와 농작물들이 피폐해질 우려가 커서 경전에서 그런 식으로 돼지를 배제했다고 한다. 또한, 힌두교 신자들이 소고기를 안 먹는 이유를 힌두교에서 소를 신성시하기 때문이라 하는데, 역시 문화인류학자들이 관찰한 바에 따르면 소는 힌두교의 중심지인 인도에서 농사를 짓는 노동력의 주요 원천이고 소의 배설물은 중요한 연료로 사용되었기 때문에 종교적 경전에서 그런 식으로 소를 잡아먹는 것을 금지한 것이다. 이런 설명을 들은 후 여러분은 두 지역의 관행의 문화

인류학적 배경을 알게 되면서 불확실성을 제거할 수 있을 것이다.

불확실성이 제거되지 않으면 두 문화 사이에 오해로 인한 갈등이 생겨날 수 있다. 예를 들어, 여러분이 힌두교 신자가 아니라고 해서 '나는 괜찮겠지' 하는 마음으로 인도 어느 힌두교 지역 마을에서 소고기를 요리해 먹는다고 가정해보자. 여러분 주위의 마을 사람들은 자신들의 종교가 모욕을 당했다고 믿으며 더 나아가서 자신들의 가치 체계가 파괴됐다고 생각할 것이다.

앞서 소개한 Byram(1997)의 모델은 이런 심리적인 과정을 충분히 반영하지 못하고 있다. Deardorff(2006)는 아래와 같은 피라미드 모델을 제안하면서 문화간 의사소통 능력과 문화이해 능력을 성과로 얻는 단계 밑에 개인의 문화 적응성, 유연성, 공감 등의 심리적 변화를 성과로 얻는 단계를 상정했다.

Desired External outcome
Behaving and communicating effectively and appropriately (based on one's intercultural knowledge, skills, and attitudes) to achieve one's goal to some degree

Desired Internal Outcome
Informed frame of reference/filter shift
- Adaptability (to different communication styles and behaviors; adjustment to new cultural environments)
- Flexibility (selecting and using appropriate communication styles and behaviors; cognitive flexibility)
- Ethnorelative view
- Empathy

Knowledge and Comprehension ⇔ **Skills**
- Cultural self-awareness
- Deep understanding and knowledge of culture (including contexts, role and impact of culture and others' worldviews)
- Culture-specific information
- Sociolinguistic awareness

- Listen
- Observe
- Interpret
- Analyze
- Evaluate
- Relate

Requisite Attitudes
- Respect (valuing other cultures, cultural diversity)
- Openness (to intercultural learning and to people from other cultures, withholding judgment)
- Curiosity and discovery (tolerating ambiguity and uncertainty)

[그림 3.2] 피라미드 모델(Deardorff, 2006:254)

Deardorff(2006:256)에서는 피라미드 모델과 더불어 문화간 소통 과정 모델을 함께 제시했는데 여기서는 개인이 경험하는 심리적 과정에서 존중감, 개방성, 호기심 등이 작동해야 문화간 소통이 원활해진다고 주장했다.

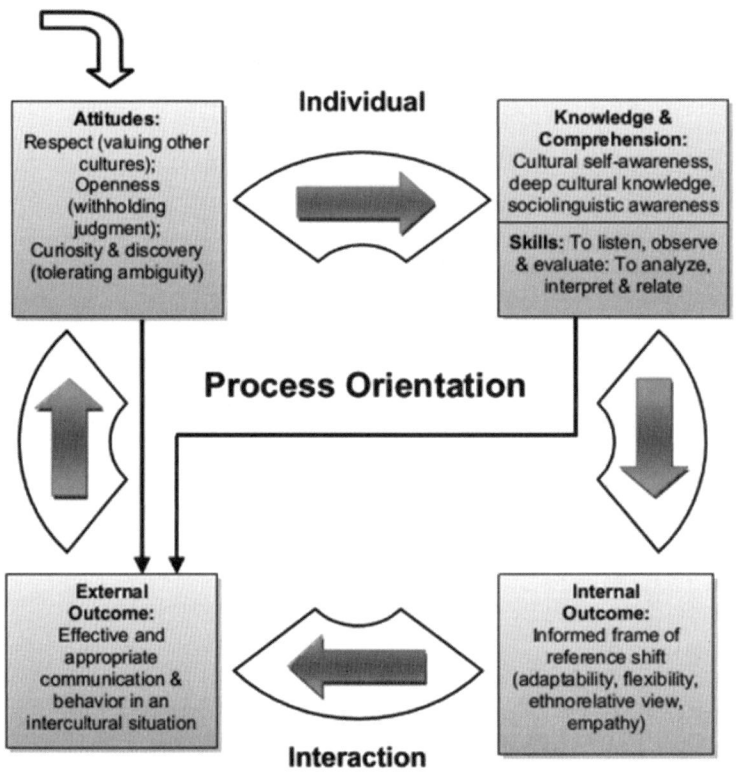

[그림 3.3] 소통 과정 모델(Deardorff, 2006:256)

　　결론적으로 우리는 타문화를 접하면서 우리가 구축한 집단의 문화적 가치 체계와의 갈등을 겪을 수 있으므로, ICC는 불확실성을 제거하고 갈등을 줄이는 것에서 출발하는 심리적 과정이 깊게 관여하는 능력이라고 할 수 있다.

문화 배경 갈등

문화를 경험하는 과정에서의 의사소통은 심리적 변화를 거쳐 갈등이 유발될 수 있다. 대체로 문화 차이가 크면 클수록 갈등의 골도 깊어진다. 문화적 배경이 충돌을 일으키는 대표적인 예가 문화간 소통에서 작용하는 맥락(context)의 차이이다. 한국어와 영어의 담화구조를 비교해보면, 한국어는 맥락의존도가 높은 담화구조를 갖고 있고, 영어는 상대적으로 맥락의존도가 낮은 담화구조를 갖고 있다. 담화구조에 있어서 뿐만 아니라 행동방식에서도 맥락의존도의 차이는 유사하게 작동한다. 그래서 우리나라는 맥락의존도가 높은 사회(high context society)이므로 언어나 행동을 맥락에 의존해서 해석되는 정도가 영미권의 사회보다 더 크다. 예를 들어, 영미인들은 목표지향적이고 직설적으로 이야기하며 맥락의존성에 근거한 해석의 여지를 가능하면 두지 않고 온전한 정보를 분명하게 전달하는 경향이 있다. 반면, 우리나라 사람들은 전통적으로 영미인들보다 덜 직설적으로, 그리고 맥락을 통한 유추의 여지를 많이 남기는 방식으로, 소통하는 경향이 있다.[17] 이런 맥락의존도의 차이로 인해 두 문화권의 사람들이 대화를 나누거나 상대방의 행동을 관찰하면서 오해나 갈등이 생길 여지가 있다.

1장에서 Hofstede(1986)가 제시한 문화 차이의 기준점은 여전히 유효한 갈등의 배경 기준으로 볼 수 있고 여기서는 크게 문화 배경 차이의 핵심 개념 지표들을 서양문화와 동양문화의 대조를 기준으로 살펴보기로 한다. 영미문화는 서양문화로 확대될 수 있고 우리나라 문화는 동양문화로 확장될 수 있다. Nisbett(2003)은 문화심리학적 측면에서 동서양 문화의 차이를 다각도로 분석했고 매우 흥미로운 결과들을 소개했다. 여기서는 주요한 세 가지 대조 기준을 살펴보기로 한다.

---

[17] 우리나라도 국제화가 되어가면서 젊은 세대나 도시 거주민들은 맥락의존도가 낮은 쪽으로 언어나 행동이 변하고 있는 것으로 보인다.

• 관계중심과 개인중심

이 지표는 홉스테드의 개인주의와 집단주의 대조와 관련 있다. 예를 들어, 사람들에게 여러 볼펜을 보여주고 친구의 생일선물을 고르게 하면 어떤 행동들을 하는지 관찰해보았다. 동양인들은 대부분 요즘 인기 있고 잘 팔리는 생일선물이 무엇인지를 지인들에게 알아보거나 매장 점원에게 물어봐서 그것을 선택하는 경향이 강했다. 이와 대조적으로 서양인들은 자신들이 보기에 가장 독특하고 친구가 좋아할 볼펜을 고르는 경향이 더 강했다. 동양인들은 집단적 선호를 중요시한다는 측면에서 집단주의적 성향이 강한 것으로 볼 수 있고, 서양인들은 개성을 중시하며 주체적인 결정을 내린다는 면에서 개인주의적 성향이 강한 것으로 볼 수 있다.

다른 예로, 미국 대학원생들의 논문과 한국 대학원생들의 논문을 지도할 때 관찰되는 흥미로운 점이 있다고 한다. 미국 대학원생들은 논점을 명확히 해서 논쟁을 만들고 객관적인 증거를 기반으로 자신의 논점을 옹호하고 정당화하는 방식으로 글을 쓰는 반면에, 한국 대학원생들은 주제를 정한 뒤 그 주제를 통합적으로 성찰하고 전체를 아우르며, 논쟁을 크게 벌이지 않는 방식으로 글을 쓰는 경향이 있다. 동양사람들에게 전통적으로 논쟁은 친밀한 관계를 해칠 수도 있다는 의식이 강해서 이런 현상이 생겨나는 것으로 해석될 수 있다.

• 전체 관조와 부분 강조

이 대조는 전체를 관계 네트워크로 보는 관점과 개별 요소를 강조하는 관점의 대조와 깊이 관련된다. 서양에서는 전통적으로 분석을 중시했다. 고대 그리스 철학자들은 세상을 전체로 본다면 이를 구성하고 있는 개별 요소를 밝혀내기 위해 노력하여, 예를 들어, 철학자인 탈레스는 만물의 근원은 물이라고 정의했다. 이런 분석을 통한 개별 요소의 파악과 거꾸로 개별 요소를 결합하여 전체를 만드는 노력은 근대에 들어와서 포드자동차 회사의 컨베이어벨트 시스템을 통한 자동차 생산 공정으로 대표된다. 이와는 대조적으로 고대 중국에서는 인간과 자연은 합일되는 전체로 보고 인간은 자연과 어우려져 살아가야 하는 존재로 보았다. 그래서 동양화는 자연 속에 작은 인간의 모습들이 묘사되는 풍경화가 많은 반면에서 전통적인 서양의 풍경화 중 인간이 등장하는 그림에서는 인간의 모습이 상대적으로 크게 부각된다.[18]

• 논리 중심과 경험 중심

위에서 언급한 분석을 선호하는 서양적 전통은 관찰과 수집을 통한 데이터의 확보를 기초로 하며, 확보된 데이터를 근거로 한 논리적 접근을 핵심으로 한다. 서양인들은 대체로 논쟁과 논증을 통해 이성적 기준을 찾아내고 규정화하며, 논리·실증적인 과학적 분석을 통해 세상의 이치를 찾아내고자 했다. 질병 치료를 예로 들어보자. 서양적 접근은 질병의 원인을 찾아내서 직접적으로 그 원인을 제거하는 방식을 취한다. 서양의학에서는 인간의 몸속에 종양이 자라나고 있다고 하면 그 종양을 대상으로 하여 제거하는 것을 목표로 한다. 반면 동양의학에서는 종양이 생겨난 원인을 몸의 각 기관과의 연결성을 기준으로 판별하여 연결 기관의 성능을 건강하게 만드는 관계-합일 관점에서 치료를 해왔다. 따라서 동양의학은 경험에 근거한 데이터가 중요하며 경험 데이터에 기반하여 일반화하는 경향이 강하다. 이 과정에서 경험은 주관적일 수 있고 보편성을 갖기 위해서는 주관적 경험이 폭넓게 공유되어야 한다.

ICC란 지금까지 소개한 문화의 차이로 인한 갈등을 소통 과정에서 해결하는 능력과 관계된다. ICC가 단순히 언어능력이 아니라 인지심리적 성찰 능력을 포함한

---

[18] Nisbett(2003)은 여러 조사연구를 근거로 동서양 문화의 차이가 스펙트럼과도 같아서 서양 극단은 영국과 북미 문화, 동양 극단은 동아시아 문화이고 유럽 대륙이나 중동지역의 문화는 동서양의 문화적 특징이 산재한다고 하였다. 그는 전체 중심과 개별요소 중심의 대조에서도 유럽 대륙 철학이나 심리학의 중점은 학자에 따라 관계에 기반한 전체 파악인 경우가 있음을 보고했다.

다고 할 수 있다. 교육 현장에서 다양한 문화 차이 요소들이 제시되고, 학생들이 비판과 토론의 과정에서 이질적인 문화를 이해하고 포용하며, 동시에 자문화 의식을 고양할 수 있도록 수업이 진행되어야 할 것이다. 그런 수업활동을 통해 학생들은 세계시민으로서의 자질을 갖추게 될 것이다.

3. 문화 간 의사소능력의 발달

ICC는 외국어 교육에서 목표어 학습 과정에서 다양한 문화 소재를 접하면서 주로 배양되는데, 학생들이 외국어 교육 프로그램에 들어온 초기와 말기에 두 차례에 걸쳐 자신들의 ICC를 측정하여 교육 기간 중 ICC가 얼마나 개선되었는지를 측정할 수 있다. 아래에서 외국어 수업을 진행하면서 사용할 수 있는 ICC 측정 방식과 ICC 발달을 저해하는 요인들을 살펴보기로 한다.

ICC 측정

ICC의 측정은 교사 주도로 가능하다. 외국어 교육을 한 학기간 진행한다면 학기 초에 일종의 사전 조사의 방법으로 일반적인 ICC에 대한 측정을 시도해볼 만하다. 이 경우 학생이 갖추고 있는 문화 지식과 인식을 기록하게 하는데, 다음과 같은 자기 평가 서식이 사용될 수 있다. 이 평가지에 주어진 영역 주제에 대해 자신이 알고 있는 사항을 기록하는데, 영어교육의 경우라면 영미 문화권을 대상으로 하여 작성하게 해도 된다.

Ⅲ. 문화 이해

자기평가 I - 문화 의식[19]

영역	다른 문화에 대해 내가 알고 있는 것
기념일	부활절, 할로윈데이, 성탄절, 사순절, 추수감사절 …
역사	
지리	
언어	
문학	
과학	
종교	
교육	
가치관	
운동	
경제	
영화	
음악	
가족관계	
정치체제	
의사소통 수단	
기타	

또한, 학생들 자신의 ICC 정도를 직접 측정하는 다음과 같은 자기 평가도 시행한다. 리커트 5점 척도로 측정하며 학기 말에 반복 측정하여 ICC 발달 정도를 스스로 점검한다.

---

[19] http://archive.ecml.at/mtp2/Iccinte/results/en/assessing-competence.htm(The ICCinTE Project)를 참조하여 자기평가 I, II 두 가지를 제시함. 여기에 제시된 영역이나 문항 외에 더 많은 영역과 문항들이 추가될 수 있다.

자기평가 II - 프로파일 다이얼로그

나는	1	2	3	4	5
예기치 못하거나 익숙하지 않은 상황을 즐긴다.					
2. 다른 이들이 문제 푸는 것을 기꺼이 도와준다.					
3. 비판으로 문제가 생겼을 때 내 논점을 분명히 말한다.					
4. 갈등을 피하기 위해 내 방식을 다른 사람에게 맞춘다.					
5. 소통의 방식, 즉 언어나 몸짓, 표정 등의 차이로 인해 사람들 간에 오해가 일어날 수 있다는 점을 조심하고 있다.					
6. 소통을 하면서 동의를 구하는 편이고 다른 이들에게도 특정한 용어나 표현을 어떻게 사용할지 동의를 구한다.					
7. 외국 사람들을 만날 경우, 미리 조사를 하여 정보를 얻는다.					
8. 외국 문화를 경험하기 전에 가능한 어려움과 장애를 예견한다.					
9. 다른 이들과 일하면서 아이디어나 공통의 목표를 제시한다.					
10. 팀으로 활동할 때 서로 다른 접근방식과 아이디어들을 연결시키려고 노력한다.					
11. 다른 이들의 가치관, 관습, 행동방식에 대해 알아보는 것을 좋아한다.					
12. 다른 이들의 관습과 행동방식이 표준적인 것과는 다르다고 생각한다.					
13. 집단 토론에서 내 논점을 강하게 주장하는 경향이 있다.					
14. 다른 이들의 생각과 감정을 이해하고 상상하려 노력한다.					
15. 다른 이의 눈으로 상황을 바라보는 것이 어렵다.					
16. 집단 내에 긴장감이 감돌면 그것을 해소하려고 노력한다.					
17. 팀원들이 다른 팀원들과 합의를 잘하는지 알아보기 위해 상황을 점검하고 관점의 차이를 밝히려고 노력한다.					
18. 자격이 주어지면 인정을 받으려 하고 모든 사람의 주목을 받고자 한다.					

1-강하게 동의하지 않음 2-약간 동의하지 않음 3-모르겠음 4-약간 동의 5-강하게 동의

III. 문화 이해

이 이외에도 학생들이 구사할 수 있는 외국어의 종류를 조사한다든지, 학생들의 외국생활 경험을 조사한 후 경험한 국가의 문화에 대한 인식을 인터뷰나 조사지를 통해서 파악할 수도 있다.

학기 초의 자기 평가가 끝난 뒤, 한 과의 수업을 시작하면서 학생들의 경험과 배경지식을 측정하는 것이 필요한데, 그것의 일환으로 해당 문화 소재에 대한 자기 평가를 시행한다. 예를 들어, 특정 단원의 소재가 영국의 축제라고 하면 일반적인 축제에 대한 학생들의 견해, 영국의 축제에 대한 지식을 측정할 수 있다. 그 과의 수업을 진행하면서 학습활동 포트폴리오를 점검하여 교사는 학생의 문화 의식의 발달 과정을 관찰할 수 있다. 수업을 마치면서는 영국 축제에 대한 문화 이해도를 측정하는 간단한 문제 풀이나 과업 등을 통해 목표로 한 문화 소재에 대한 학생의 최종적인 이해도를 파악할 수 있게 된다.

과별 수업이 계속 진행되어 한 학기를 마감하면서는 학기 초에 실시했던 ICC 검사를 사후 검사로 반복 실시하고 그 결과를 학생들과 공유하여, 학생들 스스로가 어느 정도로 자신의 ICC가 긍정적으로 발달했는지 아니면 부정적으로 변했는지를 인지하게 하는 것이 좋다. 조사 결과를 토대로 학생들이 왜 그렇게 변했는지를 이야기하는 시간을 조별로 갖고, 조별 학생들은 서로의 의견을 교환하면서 목표 문화에 대한 생각을 정리할 수 있다. 조별 활동에 이어 전체 학생들이 조별로 집약된 의견을 공유하는 시간을 갖는 것으로 한 학기를 마무리한다.

문화간 소통의 저해 요인

외국어 학습자들은 직간접적으로 수업 내에서나 수업 외에서의 경험을 통해 ICC를 완성해가는데, Barna(1997)은 이 과정에서 문화간 소통을 방해할 수 있는 여섯 가지 요인을 소개하고 있다.[20]

---

20) 각 장애 요소에 대한 세부적인 설명은 Keller(2013)을 추가적으로 참고함.

• 불안감(Anxiety)

　우리는 불확실한 상황에서 무엇을 해야 하는지에 대한 확신이 없는 경우 불안감을 느낀다. 매우 불안하면 소통에 집중하지 못한다. 우리는 대부분 처음 경험하는 상황이나 일에서 불안감을 느낀다. 예를 들어, 처음 직장에 출근하는 경우를 상상해보자. 모든 것이 낯설고 두려운 상황에서 직장 동료나 상사에게 자신의 의사를 표명하는 데 있어서 주저하거나 오히려 반대로 과장되게 무리한 의사소통을 시도하는 경우들이 있다. Sugawara(1993)는 미국 내 일본기업에서 일하는 168명의 일본인 사원들과 135명의 동료 미국인 사원들을 대상으로 불안감에 대해 조사했다. 미국인 사원 중 8%만이 일본인 동료들과의 영어 소통에 문제가 있다고 생각했으나, 일본인 사원 중 19%는 자신들의 영어회화 능력이 낮으며, 20%는 영어로 미국인 동료들과 이야기할 때 불안감을 느끼고, 30%는 미국인 동료가 자신들의 영어 발음에 짜증을 낸다고 생각했다. 60%의 일본인은 미국인 동료와 의사소통하는 데 있어서 자신들의 언어가 문제가 있다고 믿었다. 심지어 몇몇 일본인은 미국인 동료와의 소통을 의식적으로 최소화하려고 노력했다. 이와 같은 지나친 불안감은 소통의 장애가 되고 이어서 문화를 이해하려는 노력을 반감시킬 수밖에 없다.

• 미리 문화가 유사할 것이라고 오판하는 경우

　상대방 문화가 자신의 문화와 유사할 것이라고 가정하면 중요한 문화의 차이를 인식하지 못하게 된다. 이는 상대방 문화에 대한 무지에서 나올 수 있다. 예를 들어, 우리나라에서 취객이 파출소에서 행패를 부린다든지 경찰관에게 달려들어 폭행한다는 소식을 우리는 가끔 접한다. 공권력이 엄정한 미국이라면 상상할 수 없는 사건이다. 우리나라에서 그런 식으로 공권력에 도전을 했던 사람이 미국의 문화를 모른 채 미국을 방문해서 취기에 유사한 행동을 하는 경우 엄정한 법 집행의 대상이 되며 심지어 미국 경찰이 그 사람을 대상으로 총기를 사용할 수도 있다.

　이런 이야기를 접하면, 여러분은 모든 문화권은 서로 다른 문화를 가지고 있다고 가정해야 문화간 소통이 원활해진다고 생각할 수 있다. 그런데 지나치게 차이점만 의식하고 보편성을 놓치는 경우가 있으므로 가장 먼저 문화경험자로서 우리가 해야 할 일은 상대방 문화를 알아보고 분석하는 것이다.

• 자민족 중심주의(Ethnocentrism)

자기 민족 문화가 우월하다는 생각에 빠져 그것을 자문화를 기준으로 삼아 타문화를 부정적으로 판단하는 행위도 문화간 소통을 저해한다. Benett(1993)에 따르면 자민족 중심주의는 세 단계에 걸쳐 작동한다. 첫 번째 단계에서 당면한 문화 차이를 피하거나 차이의 존재 자체를 부정하면서 자신을 고립시켜가다가, 두 번째 단계에서는 자신의 세계관을 유지하면서 문화의 차이를 위협 요소로 보고 그것에 반발하게 된다. 마지막 세 번째 단계는 최소화 단계로서, 문화 보편성의 기치 아래, 문화 차이 요소를 최소화하고 무시하는 단계인데, 여기서 문화 보편성은 자문화를 기준으로 상정하곤 한다.

예를 들어, 서남아시아 지역민 중 다수가 수저를 이용하지 않고 손으로 음식물을 먹는데, 우리나라 사람이 그 지역을 방문하게 되면, 처음에는 현지인들과의 식사 자리를 피하려고 할 것이다. 그러다가 어쩔 수 없이 식사를 함께하게 되면 손을 사용해서 식사하지 않으려 할 것이다. 이어서 위생을 위해 도구를 사용해서 식사해야 한다는 믿음에 따라 '인류 보편적 방식'에 대한 자문화 중심적 신념을 내세워서 수저를 사용해서 먹는 것을 고집하고 심지어 지역민들에게 그것을 전파하거나 강요할 수도 있다. 이런 과정에서 문화간 소통이 효율적으로 이루어질 수 없다. 드라마나 영화에서 자주 봤듯이 현지인들처럼 먹고 생활하는 것이 자민족/자문화 중심에서 벗어나 소통을 원활하게 하는 좋은 방법이다. 젓가락질 못 하는 외국인이 우리나라에 와서 애를 써서 젓가락질하는 모습을 보면 여러분은 그 외국인에게 금세 호의를 느끼는 것이 바로 그 예가 될 것이다.

- 고정관념(Stereotypes)

어떤 사람의 고정관념이란 오랜 시간 자신의 경험과 지식을 근거로 하는 주관적인 판단기준이다. 새로운 외국의 문화를 접할 경우, 우리는 우리 자신의 문화를 기반으로 형성한 기존의 판단기준과 가치관에 의존해서 사람이나 상황을 범주화하고 평가하는 경향이 있다. 고정관념은 안정적인 판단기준으로서 새로운 경험이나 지식에 대한 불안을 경감 해주는 근거가 되는 점에서 긍정적인 면도 있다. 그러나 지나치게 단순화되고 일반화된 고정관념은 대개 타문화에 대해 엄격한 기준으로 작용하고 그 문화를 이해하도록 마음을 여는 것에 장애가 될 수 있다. 즉 강한 고정관념은 유연한 사고를 갖고 경험의 스펙트럼을 넓히는 성향과 대조된다.

Jandt(2001)에 따르면, 고정관념이 소통의 장애가 되는 이유는 다음과 같다. 첫째, 고정관념은 사람들이 자신들의 신념이 진실이고 설령 그렇지 않은 경우도 진실이라고 믿는다. 둘째, 고정관념은 집단의 구성원 모두가 예외 없이 그 신념을 공유하고 있는 것으로 가정하게 한다. 셋째, 집단 내 특정 구성원들에 대해 부정적 고정관념을 갖게 되면, 그 구성원들이 부정적인 견해를 따르게 되고 문화간 소통에서도 확대 적용된다. 예를 들어, 여성이 수학을 못 한다는 고정관념은 여성들이 수학 공부를 기피 하게 만들고, 모든 문화권에 그런 고정관념을 적용하게 한다.

- 편견

편견은 일반적으로 집단의 구성원이나 집단 내 세부집단이 특정 종교, 인종, 국적 또는 다른 집단에 속한다는 이유로 갖게 되는 불공정하고 편협한 태도나 의견을 가리킨다. 편견은 고정관념과 마찬가지로 긍정적이거나 부정적일 수 있으며, 극단적인 경우를 제외하고는 대개 표면적으로 명확하게 드러나지 않는다. 우리나라에서 어느 아파트 단지를 재건축하는데 그 주민들이 자신들의 단지에 임대아파트를 짓는 것을 반대하는 경우가 극단적으로 드러나는 편견의 예이다. 재건축 당사자 주민들은 임대아파트 거주자들이 사회 계층적 수준이 낮다는 편견을 갖고 자

III. 문화 이해

신들과 '수준'이 맞지 않는 사람들과 함께 할 수 없으며 이를 허용하면 집값이 떨어진다고 생각한다. 무지한 편견은 소통을 막고 차별을 만들며, 차별은 갈등을, 갈등은 투쟁을 낳고, 투쟁은 파국에 이를 수 있다.

• 언어

　서로 다른 언어를 사용하는 두 집단이 소통하기 위해서는 어느 한 집단이 상대방 집단의 언어를 구사하거나 두 집단이 다 알고 있는 제3의 공용어를 사용하여 소통할 수밖에 없다. 소통의 매개가 될 수 있는 언어에 대한 제한적인 지식과 낮은 구사 능력은 소통의 장애가 된다. 물론 두 집단이 서로의 언어를 알아서 소통에 아무 문제가 없다고 해서 소통이 늘 원활하게 이루어지는 것은 아니다. 그러나 대부분의 문화간 소통은 언어적 장벽을 극복함으로써 가능하다. 외국어 교육에서는 목표어를 학습하면서 동시에 그 언어권의 문화를 경험하는 것은 ICC를 발달시키는 좋은 방법이라고 할 수 있다.

• 비언어적 소통

　비언어적 소통은 언어 외적인 도구들, 몸짓, 표정, 대화거리, 시선 접촉, 신체 접촉, 냄새 등을 통한 소통을 말한다. 이것들 또한 문화적 차이가 크므로 이것들을 사용하여 전하는 메시지들이 잘못 해석될 여지가 크다. 영미권에서는 대화를 나눌 때 상대방의 눈을 마주 보며 이야기하는 것이 일반적이다. 영미인들은 눈을 마주치지 않고 말하면 무언가를 감추거나 거짓말을 한다고 생각한다. 우리나라에서는 전통적으로 나이가 많거나 지위가 높은 사람의 눈을 똑바로 마주하고 이야기하는 것을 버릇없다고 여기는 경향이 있다. 시선 조우에서 당연히 우리나라 사람들과 영미인들 사이에 오해나 갈등의 소지가 있을 수 있다.

　우리는 위에서 문화간 소통을 방해할 수 있는 여섯 가지 요인을 살펴보았다.

ICC는 어떤 면에서는 이런 요인들을 극복하고 갖지 않게 되면서 발달할 수 있다. 외국어 학습에서, 특히 우리나라의 EFL 학습에서는 간접적인 문화 경험이 주를 이루므로 앞서 이야기한 장애 요소들이 크게 학습을 방해하지 않을 수 있다. 만약 학습자가 직접 영어권 국가를 방문해서 생활을 하게 되면, 위와 같은 저해 요소들이 영미문화를 이해하는 데 부정적인 영향을 미칠 수 있다. 직접적인 문화 경험을 통해 문화적응(acculturation) 과정을 거치게 되는데, 다음에서는 문화적응의 이론과 적응 단계를 살펴보기로 한다.

4. 문화적응

문화적응 이론

Redfield, Linton, & Herskovits(1936)는 문화적응(acculturation)을 "다른 문화 배경을 가진 개인들이 장기적이고 지속적으로 직접 접촉을 하면서 일어나는 문화 변화의 과정"[21]이라고 정의했다. 직접 접촉의 결과로 관련된 개인 간에 혹은 집단 간에 의식의 변화가 일어난다. Arends-Tóth & van de Vijver(2006)에 따르면, 문화적응은 다음과 같은 구성 요소와 과정으로 이루어진다.

---

21) "the process of cultural change that occurs when individuals from different cultural backgrounds come into prolonged, continuous, first-hand contact with each other" (Redfield, Linton, & Herskovits, 1936, p. 146)

III. 문화 이해

문화적응 조건	→	문화적응 방향	→	문화적응 성과
정착 사회의 특징		문화 채택		심리적 안정
출신 사회의 특징				주류사회 사회문화적 역량
이민자 집단의 특징		문화 유지		민족문화 사회문화적 역량
개인적인 특징				

[그림 3.4] 문화 구성 요소의 작용

문화적응 조건(acculturation conditions)은 개인적 그리고 집단적 수준에서의 요인들을 포함한다. 정착 대상이 되는 집단의 성향이 인종 차별이 심하다면 동화에 장애가 될 것이며, 정착하고자 하는 개인의 출신 국가의 상황이나 이민자 집단의 인종적 단결과 활력 정도가 중요한 조건으로 작용할 수 있다.

문화적응 방향(acculturation orientations)은 적응 전략이나 성향 그리고 태도 등을 지칭하는데, 정착 대상 집단에서 문화를 받아들이는 것과 출신 집단의 문화를 유지하는 것을 포함한다. 이 방향성은 두 선택 중 어떤 것을 선호하는가에 달려있다. 정착문화와 출신 문화에 대한 선호의 차이가 반드시 배타적인 상관관계에 있는 것은 아니다. 즉 정착문화를 선호한다고 해서 출신 문화를 상대적으로 꼭 멀리하지 않을 수도 있다(Berry, 1997). 그리고 사적 영역에서는 출신문화를, 공적 영역에서는 정착문화를 선호하는 경향을 보이는 등 두 문화를 대하는 태도는 상황에 따라 다를 수 있다(Snauwaert, Soenens, Vanbeselaere, & Boen, 2003).

문화적응 성과(acculturation outcomes)는 새로운 문화권에서의 삶에 대한 안정감, 정신적 만족 등의 감성적 변화를 통한 심리적 적응과 정착문화에 대한 지식과 언어 소통능력 등을 키우는 행위의 적응, 두 가지로 나누어 볼 수 있다(Galchenko & van de Vijver, 2007). 외국어 교육에서 일차 목표로 하는 것은 행위의 적응에 해당하는 것일 수 있다는 면에서 문화적응의 성과는 대개 문화적응 행위와 연결되어 있다(Celenk & Van de Vijver, 2011).

문화적응 단계

여러분이 미국의 어느 대도시를 야간에 걷고 있다고 상상해보자. 인적이 드문 골목길에서 매우 많은 사람이 허름한 옷을 입고 맨바닥에 앉거나 누워서 술을 먹거나 잠을 자거나 언쟁을 벌이는 상황을 여러분이 목격하게 된다. 이런 광경은 우리나라의 도시 골목에서 쉽게 찾아볼 수 있는 것이 아니다. 처음 미국 대도시의 화려한 모습을 보고 즐거워하다가 대도시 노숙자들의 삶을 보고 충격을 받게 된다. 여러 날 그런 모습을 보게 되고 우리나라에서도 극히 일부 지역에서 소수의 노숙자가 있다는 점을 기억하며 점차 그 충격에서 벗어나 결국에는 미국 노숙자들의 삶에 대해 이해나 공감을 하게 되는 경험을 할 수 있다. Brown(2007)은 이와 같은 과정을 다음과 같은 단계별 모델로 정리했다.

〈표 3.1〉 문화동화 단계

단계	상태	내용
1	흥분/행복감	새롭고 신선한 주변 환경에 대해 가벼운 흥분감으로 인해 행복한 설렘을 갖는다.
2	문화 충격	문화 차이를 경험하며 자신의 정체성과 안정성이 흔들리면서 충격을 받고 불안감을 느낀다.
3	점진적 회복	반복된 경험과 학습을 통해 문화 충격에서 점차 벗어난다.
4	거의 완전한 회복	새로운 문화 요소를 받아들이고, 동화되어 가면서 자신감이 생기고, 정착 문화의 일원으로 거듭난다고 느낀다.

3단계에서 특히 문화경험자는 아노미(anomie) 상태를 경험하게 되는데, 자신의 문화와 현재 정착하고자 하는 타문화, 어디에도 속하지 않는 자신의 모습을 보고

일종의 가벼운 공황상태에 빠질 수 있다. Lambert(1967)에 따르면 이런 아노미 상태에서 벗어나는 효과적인 방법은 정착문화의 언어를 습득하는 것이다.

문화적응 과정의 역동성을 잘 나타낸 Kim(1988)의 모델은 아래와 같다.

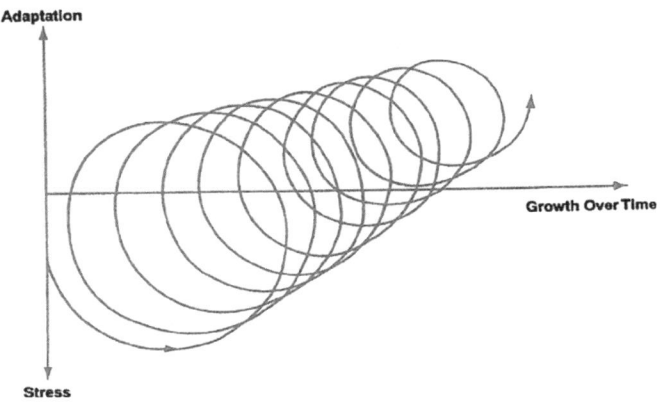

[그림 3.5] 스트레스-적응-성장 모델(Kim, 1988:59)

이 모델에서는 문화경험자의 반복적인 스트레스와 그것에 대한 반응과 극복이 특징인데, 이 과정이 나선형으로 진행되면서 점차 전반적인 문화적응력이 높아지면서 개인이 성장하는 모습을 보여준다. 나선형 발달 과정을 좌우하는 요소는 첫째, 문화경험자의 소통능력이고 그 가운데 목표문화권의 언어를 유창하게 구사하는 능력이 제일 중요한 역할을 한다. 둘째, 목표문화의 환경이 또한 결정적 요소로 작용하는데, 목표문화가 얼마나 문화경험자를 받아들이고 그 사람의 문화와 얼마나 일치하는가, 그리고 문화경험자 동포집단의 목표문화 내에서의 결속 정도 등이 주요한 환경적 요소이다.

우리나라의 영어교육에서 학습자들은 영미문화를 간접적으로 경험하게 된다. 따라서 위에서 제시한 문화적응 모델들이 학습과정에서 강력하게 작용하지 않을 것으로 추측된다. 우리나라에서는 또한 현재 영미권 문화를 매개로 한 국제화가 많이 진행되어 영미권 문화 요소로 인한 문화 충격 등을 겪을 일은 많지 않다. 우리나라는 오히려 다문화 국가로서의 특징을 갖추어가면서 영미문화 중심이 아니라 세계 여러 나라의 문화를 우리가 직·간접적으로 경험할 기회를 가질 수 있다. 따라서 영어교육에서 문화 소재를 활용하여 교수-학습을 진행하는 경우에는 다양한 문화권의 문화 소재를 활용하는 것이 권장된다.

IV
문화 중심 외국어 교육

- 외국어 교육에서의 문화 분석 요소
- 문화산물
- 문화행위
- 문화의식
- 문화집단과 개인
- 언어, 문화공유의 매개체

IV. 문화 중심 외국어 교육

1. 외국어 교육에서의 문화

우리는 지금까지 문화의 정의, 문화와 언어와의 관계, 문화간 소통의 본질 등에 대해서 알아보았다. 우리가 외국어를 배우는 목적은 무엇인가? 특히 국제적인 통용어인 영어를 배우는 목적은 무엇인가? 그것은 다른 사람과의 소통의 영역을 전지구적으로 넓히고자 하는 것이다. 이런 면에서 외국어는 문화권과의 통합을 목적으로 학습되어야 한다. 그러나 우리나라에서의 영어학습은 대개 자격 요건으로서의 실용적 도구로 인식되었고, 따라서 영어의 지식화를 위해 학습자는 많은 노력을 경주했다. 그러나 그런 노력이 영어학습의 효과를 담보하는가에 대해서는 여러 연구자가 의문을 제기해왔다. 이는 목표어 학습 동기와 관련되는데, 동기는 지향점과 작용영역을 기준으로 다음과 같이 정리될 수 있다.

〈표 4.1〉 학습 동기의 분류

작용 변수 \ 지향점	도구 지향	통합 지향
내적 요구	(A) 자기주도적 대학 입시를 위한 영어 학습	(C) 영어권 문화에 대한 호기심이 촉발하는 자기주도적 학습/경험
외적 압력	(B) 학교 성적이나 부모의 압력으로 인한 수동적인 영어 학습	(D) 업무, 유학 등으로 인한 영어권 문화에 대한 수동적 학습/경험

우리나라의 EFL 상황에서는 일반적으로 도구지향성이 강하고 대체로 외적 압력이 많이 작용한다. 네 가지 분류에서 C의 경우가 가장 바람직한 영어학습 동기

라고 할 수 있다. 즉 자발적 학습이 경험과 하나가 되는 과정이 가장 효과적인 영어 학습 과정이다. 이 과정의 매개는 문화이다. 영어권 또는 비영어권에서 영어로 이루어지는 소통은 문화 경험의 결과로 이어진다.

우리는 문화를 지식 대상으로 접할 수도 있다. 예를 들어, 한번도 St. Patrick's Day[22]를 경험하지는 못했지만, 백과사전적 지식으로 그 축제일에 대해 '알 수 있다'. 그러나 그런 방식이 과연 진정한 내재화(internalization)를 이룰 수가 있을까? 이 경우보다 바람직한 것은, 우리나라에서는 아일랜드와의 수교를 기념하여 해당일에 서울 청계천 광장에서 관련 행사를 하는데, 이 행사에 참여하여 간접적으로나마 해당 축제를 경험하는 것이다. 가장 바람직한 것은 물론 아일랜드 현지에서 이 축제를 즐기는 직접적인 경험일 것이다. 여러분이 영어를 가르치는 입장이라면 우리나라의 현실에서 무엇이 바람직한 실현 가능한 방법인가? 아마도 대부분 두 번째의 간접경험을 들 것이다. 지식으로 구축하는 경험은 어떤 요리를 만드는 방법에 대해 아는 것과 비유될 수 있고, 직접 경험은 그 요리를 직접 해보는 것이다. 우리가 김치 담그는 법을 책이나 동영상으로 보고 재료와 만드는 순서 그리고 간을 맞추는 것 등을 지식으로 아는 것이 김치를 직접 담그면서 맛을 보고 용기에 담는 과정을 경험하는 것보다 내재화되지는 않을 것이다. 문화를 경험한다는 것, 그것은 문화를 알게 되고 자기 것으로 체화하는 것이다. 문화이해와 내재화에서 우리는 예를 들어 다음과 같은 특정한 문화 요소를 경험할 것이다(Moran, 2001:12).

---

[22] 영국과 아일랜드에 기독교를 전파한 성 파트리치오 Sanctus Patricius를 기념하는 날로 매년 3월 17일에 축제 행사가 세계 각지에서 열린다.

IV. 문화 중심 외국어 교육

차이 인정	영화	비교하기
행동방식의 차이	어울리기	친구 사귀기
적응하기	유창성	남성언어/여성언어
미술	음식	음악
외국언어/문화 이해	좋은 발음	비언어적 소통방식
태도 바꾸기	인사	고정관념 타파
소통하기	역사	예의범절
대화 기법	기념일	정치
문화적 호기심	유머	텔레비전
현재 사건	관용어	언어로 생각하기
관습	정체성 지키기	가치관 이해
일상생활	자신의 문화 알기	제스처 사용
일상과업 수행	문학	속어 사용
교육		

물론 위의 항목들은 수많은 문화 요소 중 일부일 뿐이다. 여러분 스스로 문화 요소의 목록을 작성해보면 여러분의 경험이 반영된 서로 다른 목록들이 나올 것이다. 문화 요소들을 경험한다는 것은 다음과 같이 범주화될 수 있다.

- 목표문화의 정보를 습득하고 상징화될 수 있는 산물을 관찰하거나 조작하는 경험
- 목표문화의 사람들의 일상적인 행위를 관찰하고 참여하는 경험
- 목표문화 요소에 내재하는 정신적 가치나 신념, 태도 등을 접하고 이해하는 경험
- 타문화와 자문화의 차이를 알게 되며 자기 자신에 대한 인식의 폭을 넓힘

이를 도식화하면 다음과 같다.

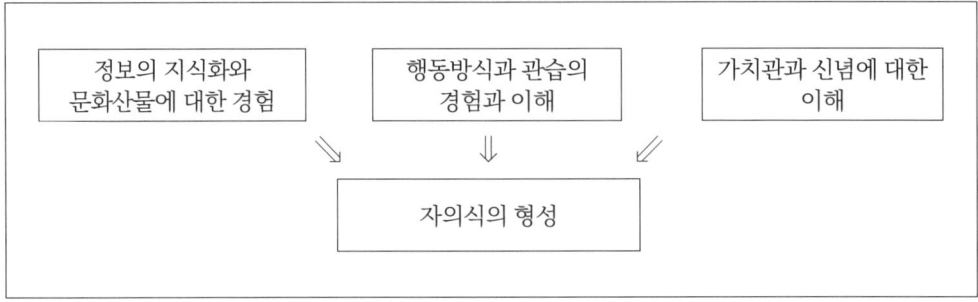

[그림 4.1] 문화 경험 범주 및 성과

문화 경험의 최종적인 종착지는 자의식의 변화다. 개인이 주체적으로 자신이 그동안 축적한 지식과 경험의 체계는 타문화의 낯선 산물, 관습, 정신세계 등을 경험하며 더욱 확장된다. 따라서 문화 소재 활용 영어교육의 궁극적인 성과는 자신의 성장과 사고의 스펙트럼의 확장이다. 이 과정은 전적으로 직·간접적인 경험이 좌우한다. Kolb(1984)는 문화를 경험하는 과정을 다음과 같은 네 단계의 순환적 개념으로 정리했다.

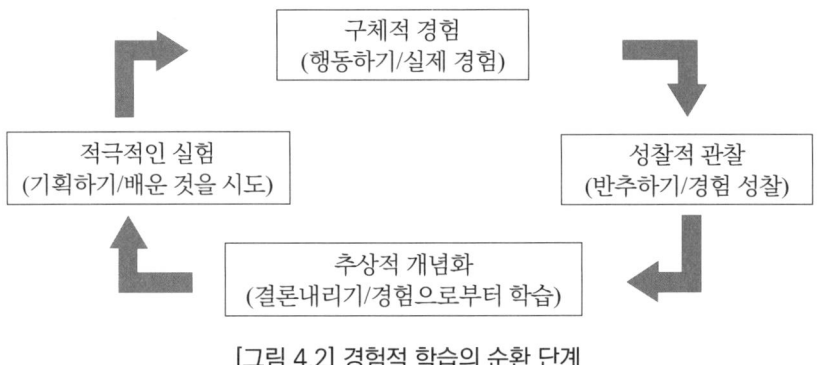

[그림 4.2] 경험적 학습의 순환 단계

구체적 경험 단계는 새로운 것을 경험하거나 새로운 상황에 맞닥뜨리는 경우, 또는 기존의 경험을 재해석하는 단계를 말한다. 성찰적 관찰 단계는 경험과 이해

간의 불일치한 점들을 관찰하고 스스로 그 차이에 대해 깊게 생각해보는 단계이다. 추상적 개념화 단계는 경험에 대한 성찰을 통해 새로운 개념을 얻거나 기존의 경험으로부터 학습했던 것을 다른 각도로 파악하게 되는 단계이다. 적극적 실험 단계는 학습자가 자신이 개념화한 새로운 생각들을 주위 환경에 적용해보고 어떤 일이 일어나는지 살펴보는 단계이다. 이 단계들은 순환적이며 적극적인 실험은 새로운 경험으로 이끌게 된다. McLeod(2017)에 따르면 [그림 4.2]의 경험-성찰-개념-적용의 순환단계는 학습자의 입장에서 보면 [그림 4.3]과 같이 경험을 지각(perception)하고 처리(processing)하는 교차 도식으로 표현할 수 있다.

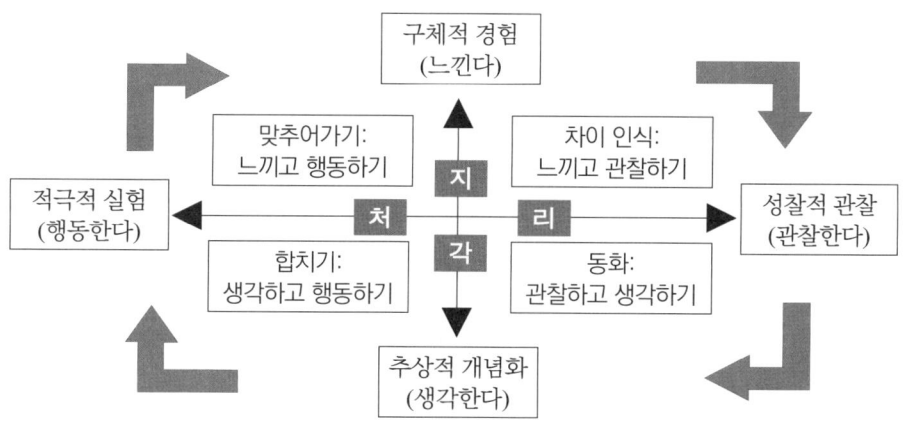

[그림 4.3] 경험의 지각과 처리 과정

학습자 입장에서 문화경험이란 느끼고 생각하는 지각의 과정과 관찰하고 행동하는 처리의 과정이 중첩되는 경로를 밟아가는 것이며, 학습자의 학습 성향에 따라 이 네 가지의 경중이 달라질 수 있다.

Moran(2001)의 분석을 인용하여 지금까지 논의된 문화 요소에 기초한 문화 분석 영역을 다음과 같이 다섯 가지로 나누어 살펴보기로 한다.

- 문화산물(cultural products) : 문화와 문화를 형성한 환경의 모든 산물
- 문화행위(cultural practices) : 구성원의 모든 행위와 상호작용이 관습화된 총체
- 문화의식(cultural perspectives) : 문화집단의 지각, 신념, 가치, 그리고 태도
- 문화집단(cultural communities) : 사회적 배경, 환경 및 집단
- 문화개인(cultural persons) : 문화권 내의 개인과 그 개인의 주관적 정체성

이 다섯 가지 영역은 다음과 같은 빙산의 모습으로 도식화될 수 있다.

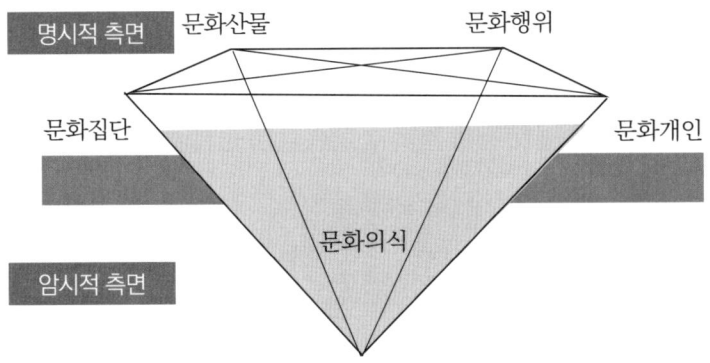

[그림 4.4] 문화 빙산(Moran, 2001:28)

바다에 떠 있는 빙산의 윗부분처럼 문화산물과 문화행위는 겉으로 드러나는 영역이며 이 둘의 토대가 되는 문화의식은 빙산의 뿌리 부분처럼 깊이 잠겨있어서 이방인이 파악하기 매우 힘들다. 앞서 들었던 예 중, 아랍인들이 돼지고기를 먹지 않는 문화행위의 기저에 자리하고 있는 의식은 함께 생활하며 지역 환경을 이해하고 역사를 이해하지 않으면 파악하기 매우 어렵다. 다음에서는 Moran(2001)이 정리·제시한 문화적인 산물, 행위, 의식, 집단, 개인 등에 관해서 자세히 소개하겠다.

2. 문화산물

우리는 살아가면서 집단의 문화를 경험하고 학습하며 보완한다. 우리가 문화간 의사소통과 직간접적인 문화경험을 통해 우리의 문화와 개인적 인식을 넓히게 되는데, 이 과정에서 명시적 경험을 가능하게 하는 것은 접촉 문화권의 구체적이며 인공적인 대상물, 장소, 제도, 예술 및 문학작품 등이다. 이것들을 문화산물이라고 하는데[23], 여러분이 경험한 문화산물 가운데 가장 인상적이었던 것을 떠올려보자. 그것이 여러분에게 그 문화권 사람들에 대해 긍정적 인상을 주었는가 또는 부정적 인상을 주었는가? 그리고 그렇게 형성된 인상이 나중에 변하였는가 아니면 고정관념이나 편견으로 자리 잡고 있는가?

문화산물은 개인적 관점에서는 삶의 새로운 방식, 또는 새로운 문화를 경험하는 첫 단계의 요소라고 볼 수 있다. 우리는 아래에서 인공물, 장소/공간, 제도/전통, 예술 등으로 나누어 살펴볼 것이다. 이처럼 범주별로 문화산물을 분류할 수 있으며, 동시에 범주별로는 문화산물을 다른 문화산물과의 관계를 통해, 또는 문화산물과 관련된 행위와 의식과의 연계를 통해 파악할 수 있다.

인공물

인공물은 인간이 의도를 갖고 만들거나 변용한 개별 대상을 의미한다. 인공물은 가공된, 해석 가능한 물질이다. 예를 들어, 산속에 있는 돌은 그 자체로 인공물이 아니지만, 그 돌을 가공하여 실용적이거나 심미적인 제품으로 만든다면 그것은 인공물이 된다. 더욱이 가공을 거치지 않고 어떤 설치미술가가 그대로 건물 현관에

---

[23] 여기서 문화산물이라고 규정한 것은 Hanks(21012)나 Cacia & Aiello(2014)에서 언급한 경제적 의미에서 산업체가 생산한 유형, 무형 상품들과 다르며 인간의 존재와 활동을 지표화하는 모든 구체적인 것들을 의미한다. 문화산물의 분류는 Moran(2001)을 참조했다.

옮겨놓고 '인간의 탐욕'이라고 제목을 붙이면, 그 자체가 해석이 가능한 대상이 되어 인공물이 되기도 한다.

  모든 인공물은 각각 고유의 기능을 갖는다. 인간이 물건을 만들거나 변용할 때는 그 물건은 교환, 판매, 전시, 소유 등의 행위와 얽히게 된다. 이런 행위는 뒤에서 우리가 살펴볼 문화행위에 해당하므로 인공물은 인간의 행위와 깊은 관계를 갖는다. 앞서 언급한 돌의 예에서, 돌이 설치미술의 작품으로서 새로운 의미를 부여받으면 그 작품이 왜 '인간의 탐욕'이라고 명명되는지에 대해 사람들은 궁금해할 것이다. 자연에 존재하는 꽃, 나무, 돌, 동물 등이 자연 안에 존재하는 것인데, 인간이 자신의 욕망을 구현하기 위해 그 체제를 깨고 인간의 삶의 영역으로 그것들을 가져오는 것이 탐욕의 결과라고 작가가 해설을 붙여놓으면, 우리는 돌 하나를 통해 문화적 관념의 지평을 넓힐 수 있다는 점에서 인공물은 문화의식과도 연결된다.

  전 세계가 국제화를 경험하며 지구촌이라는 단위로 인식되는 시대에 대부분의 인공물은 유사한 형태, 기능, 가치 등을 갖는다. 그러나 동일한 인공물이라고 하더라도 문화권별로 행위와 의식에서는 차이가 날 수 있다. 예를 들어, 자동차는 여러 국가에서 일상적으로 사용된다. 하지만 누가, 언제, 어디서, 어떻게, 왜, 어떤 자동차를 운전하는가는 문화권마다 차이가 있을 수 있다. 아직도 여성의 운전이 바람직하지 않은 것으로 여겨지는 문화권이 있고, 계절별, 또는 지역별로 운전 통행량이 차이가 나기도 한다. 더불어서 자동차를 상대적으로 더 급하게 운전하는 문화권이 있을 수도 있고, 자동차를 인간 이동 수단이 아니라 주로 화물 이동 수단으로 여기는 문화권도 있을 수 있다.

  동일한 인공물이라고 해도 그 구성 요소들의 차이로 인해 문화 차이를 반영하는 경우가 있다. 가장 대표적인 예가 냉장고이다. 냉장고는 음식물이나 식재료를 저온으로 오래 보관하는 기구로서 그런 기능은 어느 문화권에서나 공통된다. 그러나 냉장고 안에 저장되는 음식물이나 식재료들은 문화권에 따라 다르다. 여러분의 냉장고에 지금 어떤 음식물이나 식재료가 들어있는지 살펴보자. 그리고 미국 가정의

Ⅳ. 문화 중심 외국어 교육

냉장고에는 어떤 음식물이나 식재료가 있는지 알아보자. 미국 음식 문화를 경험하였다면 미국 가정의 냉장고 내용물을 쉽게 추측할 수 있다. 또한, 구성 요소의 특징이 매우 두드러지게 되고 중심이 되면 인공물 자체가 변화를 일으키기도 한다. 우리나라 냉장고는 1980년대 이전에는 대체로 김치가 비중이 가장 큰 보관의 대상이었다. 그러나 김치가 냉장고의 핵심적인 구성 요소로 부각되면서 따로 김치만을 보관하는 김치냉장고가 등장하였고 현재는 매우 대중화되어, 여러 가정에서 일반 냉장고와 김치냉장고를 따로 사용하기도 한다.

인공물은 관찰 가능하므로 외국어 교육에서 적극적으로 활용된다. 인공물을 외국어 교육에서는 실재물(realia)로서 수업 도구로 쉽게 사용할 수 있다. 영어 수업에서는 영어권의 고유한 실재물을 활용할 때는 그 물건의 유래, 연관된 역사적 사건이나 일화, 기능과 기능의 변천, 기저에 숨겨져 있는 의식들을 소개해야 한다. 다음은 인공물로서 여러 문화의식이 연결되어 있는 화폐를 대상으로 활용한 문화 교육 방법이다.

□ 활동 예시

미국의 1달러 지폐를 실재물로서 수업에 소개한다고 가정해보자. 여러분은 먼저 미국의 통화단위와 동전 및 지폐의 종류를 소개할 것이다. 그리고 한국 원화와의 환율에 대해서도 이야기할 것이다. 한국이나 미국이나 화폐는 보편적으로 물건이나 서비스 구매 수단이라는 기능을 수행하지만, 실제 사용에서는 팁을 주는 문화 차이처럼 차이가 있을 수 있다. 1달러 지폐가 상징하는 것은 문화의식을 반영한다고 볼 수 있

> 다. 지폐의 앞면에는 미국 초대 대통령 조지 워싱턴 George Washington의 초상화가 있다. 뒷면에는 피라미드와 눈동자가 왼편에 있고 올리브가지와 화살을 잡고 있는 독수리 그림이 오른편에 있다. 이와 같은 그림들을 소개하면서 조지 워싱턴과 관련된 일화, 미국 건국 상황, 건국 이념 등에 관한 글을 읽으면서 수업 내용을 확장할 수 있다. 이와 같이 지폐라는 인공물을 활용하여 기능과 의식이 연계되어 수업이 진행되는 것이 바람직하다.

장소/공간

장소는 지리적 환경이나 물리적 배경을 의미한다. 문화의 차이는 인간이 살아가는 지리적 환경이 중요한 변수로 작용한다. 인간이 자신을 둘러싼 지리적 환경 속에서 생존하기 위해 어떻게 그 환경에 대응하는지에 따라 문화가 달라진다. 지리적 환경은 위치라는 피상적인 개념에 더해서 그 위치와 관련된 기후, 토양의 질, 고도 등과 같은 물리적 배경이 함께 변수로 작용한다. 덥고 습한 베트남에 사는 사람들과 춥고 건조한 그린란드 지역 거주민들과 매우 다른 생활문화를 가지고 있다. 두 문화권은 의복, 음식, 주거 공간, 질병 등과 같이 구체적인 문화 요소들과 함께 인간관계에 대한 개념, 자연 환경에 대한 생각 등과 같이 추상적인 관념에서 차이를 보인다.

지리적 환경은 자연이 만들어 낸 것이고, 인공적 환경은 인간이 만들어 낸 인공물에 해당한다. 인간은 생존을 위해 집단생활을 하며, 거주공간을 개별적인 공간에서 집단적인 마을 구조로 확대 구축하고, 마을과 마을, 국가와 국가 간의 교류를 위해 장소를 연결하는 터널, 교량, 운하 등을 건설했다. 이것들이 모두 문화산물이다. 인공적 공간을 더 작고 개인적인 물리적 공간으로 축소할 수도 있다. 개인이 사용하는 자신의 방, 화장실, 책상, 자동차 안 등도 장소의 집합에 요소로 포함된다.

장소는 앞서 인공물의 예처럼 기능 및 의식과 연계되고 자체의 구성 요소로 특징지어진다. 전통적으로 동양에서는 터널이 존재하지 않았고 현재도 동양보다는

Ⅳ. 문화 중심 외국어 교육

서양이 터널이 더 많이 건설되었다. 터널의 기능은 공간 연결이다. 공간 연결 기능은 물류와 인적 자원의 교류 기능과 관련된다. 이 기능을 지배하는 의식은 경제성의 원리이며 이를 구현하기 위한 직선적 사고방식이다. 즉 서양에서는 전통적으로 있는 그대로의 자연을 존중하지 않고 인간 이동의 효율성만을 목적으로 하여 자연이 훼손된다. 대체로 동양에서는 이동을 위해 자연을 훼손하지 않고 최대한 자연 그대로의 환경을 이용하여 직선적이지 않을 수 있는 길을 만들고 활용한다.

주거 공간은 일상생활과 밀접한 관계에 있으므로 문화적 흥미를 불러일으키기 좋은 소재다. 다음은 주거 공간 중의 하나인 기숙사를 문화 소재로 활용한 예이다.

☐ 활동 예시

한국과 영국의 학교 기숙사를 비교하는 것은 문화를 반영하는 공간의 차이를 잘 나타낸다. 우리나라의 경우 기숙사가 보편적으로 존재하는 곳은 대학교이므로 한국과 영국의 대학교 기숙사를 비교한다. 두 나라 대학기숙사 건물의 사진을 통해 대체로 교정의 어느 곳에 위치하는지 비교해본다. 또한 기숙사가 1인실과 다인실의 비율이 어떻게 되는지 알아보고, 방안의 내부 구조 및 구성물들을 사진이나 동영상을 이용해 알아본다. 구성물은 공간 내의 또다른 인공물들일 것이고 공간과 구성 인공물들의 관계와 두 나라 간의 특징을 비교해본다. 이를 확대해, 한국과 영국의 거주문화, 거주공간에 관여되는 가치관 등을 비교하여 동서양의 주거문화를 통한 인간관계의 특징까지도 관찰할 수 있게 한다.

제도/전통

　　제도란 집단 구성원들의 행위를 규정하고 통제하기 위해 만들어진 조직화된 시스템이며, 따라서 문화행위와 밀접한 관계에 있다. 제도의 존재 의의는 질서 유지다. 원시사회부터 집단을 이루며 살아온 인류는 집단의 안정과 효율적 운영을 위해 구성원들이 역할 분담을 한다. 역할 분담은 조직을 만드는 것이며, 조직이 작동하기 위해서는 각자의 역할을 위해 일종의 약속을 한다. 그 약속 또는 규약의 총체가 제도이다. 각 문화권은 지리적 요인이나 기타 환경적 요인으로 인해 각 문화권 고유의 제도를 갖추고 있다. 국제화가 된 현대에는 문화권 경계를 넘는 교류의 효율화를 위해 보편적인 제도들이 운용되고 있지만, 여전히 각 국가 단위에서는 자신들의 고유문화를 반영하는 독특한 제도를 운용하고 있다.

　　전통은 제도보다는 덜 시스템화 된 것으로서, 암묵적인 사회적 합의 하에 구성원들이 지키고자 노력하는 규약이다. 제도는 어기는 경우 물리적 불이익이 발생할 수 있으나 전통은 비난 등의 정신적 불이익이 주로 발생한다. 대개 지배 권력이 조직화 되면서, 그리고 사회의 이해충돌이 복잡하게 진행되면서, 전통은 제도로 발전한다. 약자를 돕고자 하는 본성과 전통은 활동이 불편한 장애우들에게 도움을 주고자 하는 의도에서 주차장에 장애우를 위한 공간을 보장하는 제도의 운용으로 발전하는 것이 그것의 좋은 예다.

　　제도의 충돌은 갈등을 낳는다. 우리나라는 일제 강점기 때 단발령으로 고통받았다. 머리카락은 신체 일부분으로 부모로부터 물려받은 것이므로 훼손해서는 안 된다는 전통은, 일본의 제도적 폭압에 의하여 무너지게 된 것이고, 이에 반대하는 국민들의 항거는 다른 이유에 대한 것보다 더 적극적이었다. 이 경우 더욱 문제가 된 것은 제도화하지 않은 전통을 제도로 억압한 것이었다. 문화갈등의 유발 요인이 되는 전통의 억압은 필연적으로 엄청난 갈등을 일으키며 극단적인 경우에는 생명과도 바꾸는 투쟁이 벌어진다. 타문화를 존중하는 것은 그 문화의 전통과 관습을 존중하는 것이고, 문화우월주의 견해를 갖고 자신들의 제도나 전통이 더 우수하다고 생각하기보다는 문화다원주의 입장에서 문화 차이를 인정하는 것이 화해와 갈등 치유의 노정을 보장한다.

우리는 일상생활에서 수많은 제도를 경험한다. 보행자는 인도로 이동하고 차는 차도로 이동하는 것부터 시작해서 출입국 심사 과정을 밟는 것에 이르기까지 우리들의 행위는 제도를 따르게끔 구성된다. 제도보다는 선택성이 강한 전통은 명절에 차례를 지내는 것부터 결혼식 과정에 이르기까지 역시 우리의 일상에 많은 영향을 미친다. 제도는 보통 문화행위와 긴밀히 연결된다. 영어교육에서 특정 제도에 대한 고찰을 통해 관련된 언어 행위를 포함한 문화행위를 경험할 수 있다.

☐ **활동 예시**

한국과 미국에서 운전면허를 취득하는 과정에 대해 알아보자. 운전면허 취득을 위해서는 양국은 공통적으로 운전능력을 측정하는 제도를 운영한다. 그러나 그것의 세부절차는 차이가 있다. 학생들은 양국의 운전면허 취득과정에 대한 동영상 자료를 시청하고 과정의 흐름도를 만들어본다. 흐름도를 완성한 후에는 절차의 차이에 대해 토론한다. 이어서 양국의 운전면허제도의 특징을 알아보고 취득연령, 면허증 유효기간, 지역별 차이, 면허증의 종류 등에 있어서의 차이점에 대해 이야기를 나누어본다. 이 과정에서 학생들은 전형적인 미국의 제도에 있어서의 규정들을 영어로 읽고 관련 영상자료를 시청하며 영어로 듣는 연습을 한다.

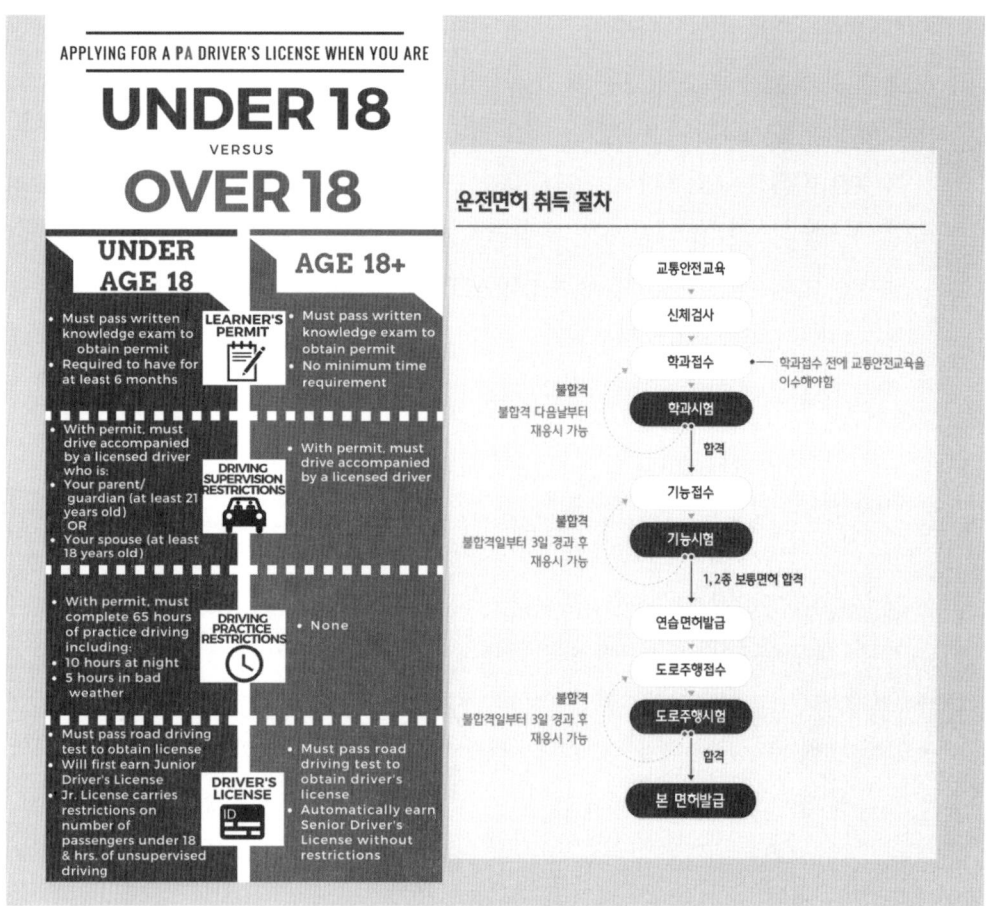

예술과 문학

예술과 문학은 문명화의 지표라고 볼 수 있다. 예술과 문학 작품들은 그 시대의 사조(思潮)를 현실적, 때로는 추상적으로 표현한다는 면에서 문화의식을 가장 잘 반영하는 매개체이다. 예술/문학작품이 앞서 소개한 문화산물의 한 종류인 인공물과 구별되는 점은 심미적 탐구의 수단으로서 고도의 정신문화를 대변한다는 것이다. 특히, 이것들은 문화 상품화(cultural production)의 대상으로서 문화 확산과 소

Ⅳ. 문화 중심 외국어 교육

비의 핵심요소로 기능하였다. 문화 소비는 의도적으로 개발된 문화상품을 자본주의적 유통 개념을 통해 대중의 관심과 인기를 기반으로 진행된다. 예술/문학 작품들이 이런 유통 체계에 들어오면 대중문화로 자리 잡게 된다. 이 경우, 문화산물은 자연스런 생산의 결과가 아니라 상품화를 목표로 하는 창의라는 의도적인 작업을 통해 만들어지게 되므로 그 수명이 대체로 짧다(Vankatesh, 2006). 따라서 지금 같은 국제화 시대에 해당 문화권의 특징을 파악하기 위해서는 현시적 대중성을 목표로 생산된 예술/문학작품보다는 고전적 전통성이 강한 작품들을 접하는 것이 낫다. 일례로 K-Pop 노래보다는 사물놀이의 소리가 우리 민족의 문화적 특성을 상대적으로 보다더 잘 반영한다.

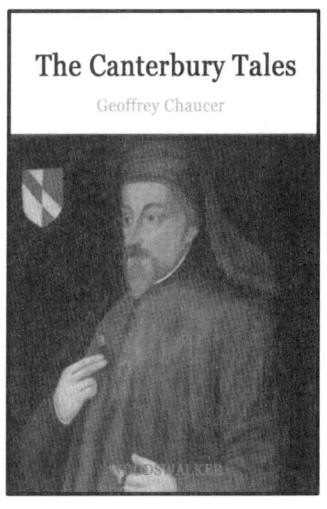

우리는 다른 민족의 그림, 패션, 음악, 춤, 영화, 스포츠, 철학, 역사, 문학을 접하면서, 그 시대 그 민족의 일상을 지배하는 정신세계와 가치관을 간접적으로 엿볼 수 있다. 예를 들어, 14세기에 제프리 초서 Geoffrey Chaucer가 지은 <캔터베리 이야기(The Canterbury Tales)>는 중세 영국의 다양한 계층민들의 삶을 들여 다 볼 수 있게 해준다. 런던에서 캔터베리로 성지 순례를 떠나는 30명의 사람들이 여행 중간에 여인숙에 모여 자신들의 이야기를 풀어내는 방식으로 쓰인 이 작품은 기사, 여장부, 방앗간 주인, 탁발수사, 청지기, 요리사, 서생(대학생) 등 각 등장인물의 경험담을 생동감 있게 전달하는데, 각각의 이야기들에는 인간의 욕망에 대한 중세 영국인들의 관념이 투영되어 있다.

문학작품과 마찬가지로 미술 작품도 구체적이거나 때로는 추상적으로 특정 시대, 특정 문화권의 의식을 전달한다. 아래는 영어교육에서 활용할만한 예술작품에 대한 분석이다.

활동 예시

다음 사진은 미국 뉴욕 리버티섬에 있는 <자유의 여신상(Statue of Liberty)>이다. 이것에 대해 조사를 통해 다음 물음에 대한 답을 찾아 발표하도록 한다.

(1) 누가 제작했는가?
(2) 왜 제작했는가?
(3) 어떻게 제작했는가? (동상 소재, 제작 기간, 위치 등)
(4) <자유의 여신상>의 각 부분, 횃불, 왕관, 손에 든 책 등은 어떤 의미를 담고 있는가?
(5) 미국인들은 <자유의 여신상>에 대해 어떻게 생각하는가?
(6) 미국의 외국인 관광객들은 <자유의 여신상>에 대해 어떻게 생각하는가?

이와 같은 질문에 답하면서 미국의 건국이념과 현대 미국 사회를 지배하는 가치 등을 알아볼 수 있다. 이어서 우리나라에도 이와 유사한 문화의식을 갖는 조형물이 있는지 찾아보고, 자유의 여신상과 어떤 차이가 있는지 학생들이 서로 이야기를 나누어보면, 한국과 미국의 건국이념이나 국가 가치관 등을 인식할 수 있게 될 것이다.

우리는 지금까지 문화산물의 몇 가지 종류에 대해 살펴보았다. 궁극적으로는 이 세상에 존재하는 모든 것 각각에 인간이 가치를 부여하는 순간 그것들은 문화산물이라고 할 수 있다. 예를 들어, 기후는 자연현상이고 인간이 통제할 수 없는 대상이었지만 인간의 생태계 파괴로 인한 기후변화는 인간의 삶에 부정적인 영향을 미치면서 이전과 다른 매우 큰 의미를 갖게 되었다. 이산화탄소의 증가, 플라스틱의 남용, 생산을 위한 자연파괴 등이 원인이 되는 기후변화 양상은 그 원인을 통해 오늘날 우리의 문화를 파악할 수 있는 산물이라고 할 수 있다.

3. 문화행위

문화행위는 인간의 일상적이며 관습적인 행위를 총칭한다. 관습적 행위들은 개인적인 행위와 집단 구성원 상호 간의 행위를 포함하므로 문화행위에서 언어는 매우 중요한 역할을 한다. 문화행위는 또한 구체적 대상물을 매개로 하는 행위들로 구성될 수 있으므로 문화산물과 밀접하게 연관되며, 행위의 주체인 참여자들의 특성과 행위의 맥락(context) 또한 깊이 관련된다.

문화행위는 우리의 일상적 행위가 주가 되므로 행위를 분석하는 방식을 통해 파악될 수 있다. 매일 매일 여러분 개인의 습관적인 행위를 생각해보자. 아침에 눈을 뜨고 밤에 잠자리에 들기까지 대체로 정해진 행위들이 꼬리에 꼬리를 무는 방식으로 연결되어 일어날 것이다. 행위의 연쇄(action chain)는 개인적 행동뿐만 아니라 상호작용에서도 관찰된다. 여러분이 친구와 소통하거나 행동을 함께 할 때는 서로 주고받는 소통과 행동의 단위들이 연쇄적인 순환고리를 구성하면서 전체 이야기를 완성한다. 대체로 연쇄적 단계를 구성하는 행위들은 구성원들 간의 암묵적이고 관습적인 약속을 기반으로 하므로, 문화행위의 상호작용에 참여하는 구성원들은 행위나 사건의 연쇄 단계를 예측하여 대응하곤 한다.

문화행위는 우리의 모든 일상적인 행위로 구성되는데, 이를 대상물 다루기, 일상적인 의사소통, 소통 시나리오, 삶의 기록 등으로 나누어 살펴볼 수 있다. 예를 들어, 최근 미국에서 인기 있는 우리의 고유한 농기구인 호미를 제작하는 장인의 일상을 위의 분류를 기초로 고찰할 수 있다. 이 장인의 일상을 지배하는 행위는 호미를 제작하는 행위일 것이다. 호미 제작을 위해 불을 피워서 일정 온도를 유지해야 하며, 철 재료를 불에 달구고 담금질하고 두드려서 호미로 완성하는 조작 행위, 완성된 호미를 판매하는 행위 등을 통해 대상물을 다루고 있다. 이 과정에서 장인은 호미 제작에 참여하는 동료들과 일상적으로 자주 쓰는 표현을 관습화된 소통방식으로 사용한다. 장인이 동료들이나 고객들을 대상으로 일상적 대화의 담화를 만들어 내고 일상적 행위를 일련의 순서대로 이어가는 것 등은 일종의 일상생활 시나리오로 볼 수 있다. 끝으로 장인이 호미 만드는 방법을 배워서 작업장을 마련하고 실제 제작하여 지역 고객들에게 판매하다가 미국 소재 온라인 판매 플랫폼에서 호미를 판매하기까지의 과정을 기록하는 것은 바로 장인의 삶을 기록하는 것이다. 장인의 삶의 기록은 그의 문화행위의 전반적인 기록이 된다.

대상물 다루기

원시시대부터 인간은 생존을 위해 주변의 사물들을 통제하여 불안한 상황에서 벗어나고자 하는 욕구가 강했다. 이는 사물에 대한 조작(operation) 욕구의 모습으로 나타나며, 이제는 생존을 위해서뿐만 아니라 일상적인 행복과 쾌락을 위해서 의식적 또는 무의식적으로 조작 욕구가 작동한다. 우리의 삶에서 사물에 대한 조작, 즉 대상물 다루기가 중요한 부분이다. 혼자가 아니라 타인과 공동으로 사물을 다루게 되면 언어가 사용되기는 하지만 일상에서 사물을 다루는 과정은 개인 혼자 참여하는 경우가 대부분이고 따라서 언어가 사용되지 않는 경우가 매우 많다.

국가 간 교류가 온라인이나 오프라인으로 활발해진 현대 사회에서는 조작하는 대상물이나 대상물을 가지고 하는 행위들이 대체로 유사하여 문화 차이를 잘 보여주지 못한다. 하지만 세부적인 일상의 행위들로 들어가면 우리나라와는 다른 문화권의 특징적인 차이들을 관찰할 수 있다. 대표적인 것이 요리 문화다. 요리의 재료와 도구들은 유사할 수 있지만 요리 행위의 과정은 문화권마다 다르고 따라서 요리의 결과물은 다른 모습을 갖는다. 우리나라의 닭튀김, 이제는 보통명사로 치킨이라고 불리는 음식에 해당하는 요리가 여러 나라에 있지만, 우리나라의 닭튀김을 먹어본 서양인들은 그 맛을 처음 보는 맛이라고 하며 놀라움을 금치 못한다. 서양의 닭튀김은 맨 닭을 튀기거나 양념한 밀가루 옷을 입혀 튀기는 방법이 주로 사용된다. 반면 우리나라에서는 닭고기를 밑간하고 숙성을 하며, 튀김옷에도 매우 다양한 향신료를 더하고, 심지어 튀긴 후에도 또다른 양념을 입히거나 치즈 등을 뿌

려서 풍미가 뛰어난 닭튀김을 만들어낸다. 더불어 밥과 반찬의 합을 중요시하는 곁들임이 발달한 문화권답게 닭튀김에는 맥주를 곁들여 먹는 문화가 치맥이라 불리는 대중문화로 자리 잡았다.24) 이와 같은 조작 과정의 차이가 닭튀김이라는 문화산물의 질적인 차이를 만들어내며 닭튀김과 맥주의 곁들이기라는 문화산물 간의 곁들임 행위가 유행한다는 것은 요리와 음식에 대한 관념이 문화적으로 다를 수 있음을 보여준다.

□ **활동 예시**

영어문화권에서는 차량을 직접 수리하는 사람들이 많다. 이 문화는 우리나라 학생들에게 생소할 수 있다. 설명이 영어로 진행되는 간단한 차량 유지 관리 수리 영상을 보여주고 필요한 대상 도구와 소재들이 무엇이며 대상물을 어떻게 다루는지 묘사하도록 한다. 성인 영어학습자들이 설명 영상을 보고 쉽게 따라 할 수 있는 행위는 엔진오일이나 트랜스미션오일 교환 행위일 것이다. 관련 영상을 보고 다음 질문에 답하도록 한다.

(1) 엔진오일 교환을 위해서 어떤 소재가 필요한가?
(2) 엔진오일의 종류와 사용방법은?
(3) 엔진오일 교환을 위한 도구는 무엇인가?
(4) 엔진오일과 엔진오일 교환도구는 어디에서 구매할 수 있는가?
(5) 엔진오일 교환절차는?
(6) 영미인들은 왜 직접 차량을 수리하려고 하는가? 그들의 자동차에 대한 인식이 우리나라 사람들의 그것과 어떻게 다른가?

---

24) 물론 서양에서도 닭고기를 숙성하거나 튀김옷에 추가적으로 양념을 하는 경우도 있지만 우리나라만큼 대중적이지 않다. 또한 와인 문화가 발달한 프랑스에서 와인과 그에 곁들이는 안주의 합일을 마리아주(mariage)라고 부르며 곁들임의 문화가 있으나, 우리나라 사람들이 술과 안주의 결합을 매우 중시하는 만큼은 아니다.

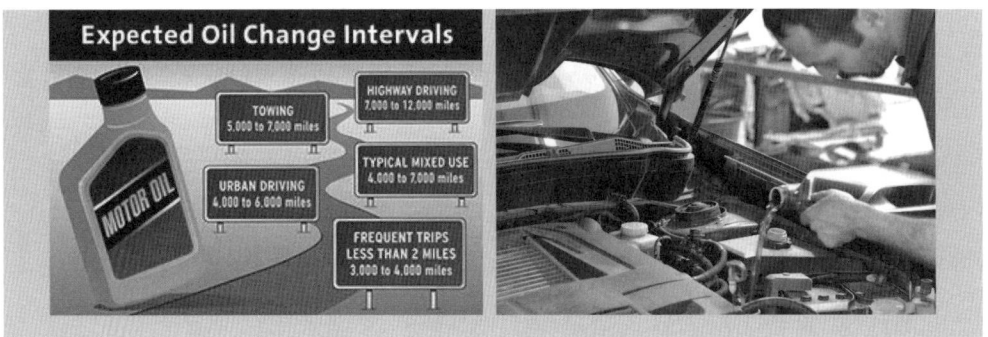

일상적인 의사소통

문화행위의 대부분은 의사소통 행위로 이루어진다. 앞서 소개한 대상물 다루기에서도, 뒤에 소개할 소통 시나리오나 개인의 삶을 고찰하는 데에도 의사소통이 주를 이룬다. 일상적인 의사소통은 언어적 방식과 비언어적 방식이 사용된다. 언어적 소통의 경우에는 의사소통 기능을 중심으로 표현들을 분류할 수 있다. 영어 학습자들은 교재나 수업을 통해 일상적으로 자주 사용되는 의사소통 기능을 중심으로 분류된 표현들을 학습한다. 인사하기, 감사하기, 초대하기, 시간 묻기, 주문하기 등 수많은 의사소통 기능들의 표현들을 활용하여 소통하는 것이 문화행위 중의 한 종류인 것이다. 의사소통 위주의 언어교육(Communicative Language Teaching and Learning)가 우리나라 영어교육에서 듣기와 말하기 교육의 주요 방법으로 활용되고 있으므로, 문화행위로서의 일상적인 의사소통은 일반적인 교실 수업에서 학습된다. 의사소통 기능문들은 학습을 위해 유형화된 문장들이 많고, 듣기와 말하기 교육에서 주로 대화의 형태로 제시된다.

일상적인 의사소통 표현 자체를 문화 차이를 보여주는 논점으로 분석할 수도 있다. 예를 들어, 영어와 한국어의 같은 의사소통 기능을 갖는 특정한 일상적 언어적 또는 비언어적 표현을 대조하면서 기저의 문화의식들을 파악할 수 있다.

Ⅳ. 문화 중심 외국어 교육

□ **활동 예시**

학생들에게 영어의 모든 감사하기 표현을 조사하게 한다. 이때 은유적인 표현을 제외하도록 하면, 학생들은 보통 다음과 같은 표현을 생각해내거나 찾아낼 것이다.

> Thank you.   Thanks.   Thanks a million.   Thanks a bunch.
> I appreciate it.   I am grateful to you

조사 결과를 자료로 하여 학생들에게 다음과 같은 질문이나 요청을 할 수 있다.

(1) 한국어보다 영어에 감사하기 표현이 많은 이유는 무엇일까?
(2) 한국어와 영어의 감사하기 표현의 차이는 무엇인가?
(3) 다른 외국어들에서 재밌는 감사하기 표현을 찾아보고 그 유래를 설명해보자.

영어의 경우 감사의 마음을 셀 수 있는 단위로 계량화하여 감사 표현 명사를 복수형으로 표현할 수 있고 다른 양적 단위를 뒤에 붙이기도 한다. 영어는 마음을 양적으로 표현할 수 있는 대상으로 보지만, 한국어에서는 거의 질적으로 표현한다.

시나리오(Senario)

일상적인 의사소통 표현들은 우리의 일상의 시나리오를 구성하는 단위 요소이다. 우리의 하루 일상을 생각해보자. 인간은 생존을 위해 식사나 취침과 같은 기본적인 생물학적 행위들을 하는데 이런 행위들이 일정한 순서와 시점에 따라 진행된다. 인간이 노동이나 친교, 또는 취미활동 등의 사회적 행위를 할 때도 주어진 상황에 따라 정해진 자기만의 일상(routine)이 있다. 이 모든 것들이 일종의 시나리오라고 볼 수 있다.

시나리오는 연기를 위한 대본이고 연기는 스토리텔링을 배경, 몸동작, 표정, 대사 등으로 표현하는 것이다. 따라서 시나리오는 스토리텔링이 목적이다. 우리의 일상은 이야기를 담고 있고 우리의 이야기를 전지적 관찰자 시점에서 본다면 결과적으로 잘 짜인 시나리오에 따라 우리가 행동하는 것으로 파악될 수 있다. 물론 우리 일상이 늘 짜인 대본처럼 돌아가는 것만은 아니지만 현대 사회를 살아가는 우리의 시간은 대체로 일상화되어 있으며 관습적인 행위들이 지배적이다. 이런 사회적이고 관습적 행위들, 즉 관행은 문화권마다 고유한 특징을 가지고 있으므로 해당 문화를 잘 반영한다.

시나리오는 다음과 같이 분류될 수 있다.(Moran, 2001: 61-63)

〈표 4.2〉 시나리오 분석 관점

시나리오 구성기준	내용	예
시간	시간, 일자, 계절 등의 순서에 따라 일상 행위를 구성하며, 그 순서대로 진행됨	가사일, 농사, 학교 수업 등
이벤트	시작과 끝이 명확한 이벤트를 중심으로 일상 행위가 구성되며, 한 이벤트는 여러 가지 세부 이벤트로 구성됨	생일파티, 축제, 스포츠 경기 등
집단	집단의 목적을 달성하기 위한 행위들로 구성되며, 집단의 전통과 관습을 유지하기 위한 행위들이 대부분임	종교집회, 동호회, 가족활동 등
제도	문화권의 제도를 중심으로 행위가 구성되며, 대부분 엄격한 절차와 규정에 따라 행위가 진행됨	입국절차, 운전면허 취득 절차 등
일생	탄생에서 사망에 이르기까지 성장 단계들을 문화적 관점에서 파악함	유소년기 행위, 노년기 행위 등

이와 같은 시나리오의 유형들은 서로 배타적인 것이 아니라 관점을 기준으로 분류된 것이며, 대부분 시나리오는 둘 이상의 관점 기준들로 분석될 수 있다.

IV. 문화 중심 외국어 교육

☐ **활동 예시**

앞서 소개한 다섯 가지의 시나리오 유형을 적용하여 한국과 미국의 장례식을 비교해보자. 교사는 학생들에게 장례식 절차를 조사 발표하게 하거나 관련 동영상을 함께 시청한 후 어떤 문화산물, 문화행위 등이 관찰되며 그 이면에는 어떤 문화의식의 차이가 존재하는지를 서로 이야기해본다. 공시적인 두 문화권의 비교와 더불어 각 문화권의 통시적인 비교를 통해 장례식이 역사적으로 두 문화권에서 어떻게 변모해 왔는지 살펴보는 것도 흥미있는 활동이 될 수 있다. 이 활동의 세부적인 활동으로 장례 절차의 흐름도 작성, 관련된 의사소통 기능문 작성, 영어 부고문 읽기 및 쓰기 등을 예로 들 수 있다.

삶의 기록

시나리오가 일상의 이야기라면 삶의 기록은 한 사람을 기준으로 그 사람이 경험한 모든 시나리오가 합쳐진 것으로 그 사람의 일대기가 영상이나 글로 기록된 것이다. 전기물에서는 개인의 경험을 중심으로 한 시대의 문화 요소가 녹아 들어가 있으므로 그 사람의 문화권의 역사가 어떻게 변해가는지를 엿볼 수 있다. 앞서 소개한 문화행위와 비교해서 전기는 보다 폭넓은 문화의식의 스펙트럼을 보여준다.

전기물에서는 개인의 경험이 역사적 사건들과 병렬되면서 집단의 전체적인 가치관이나 의식을 반영하므로 해당 문화권의 이해에 매우 유용한 자원이 될 수 있다.

한 사람의 일생에 대한 이야기는 매우 방대하므로 학습자료로 사용하기가 쉽지 않다. 교사는 전기물의 내용을 요약하여 소개해야 하며 관련된 시대적 배경에 대한 지식을 갖추어야 한다. 영화나 드라마의 형태로 제작된 전기물이 학생들의 흥미를 끄는 데 더 유용하므로 영상 요약이 힘든 경우에 배경 설명과 함께 그 인물이 겪은 주요한 사건 부분만 편집하여 보여주는 것이 좋은 방법이다.

□ **활동 예시**

학생들에게 미국의 마틴 루터 킹 Martin Luther King Jr. 목사의 일생을 기록한 짧은 동영상을 시청하거나 간략한 일대기를 읽게 한다. 그리고 학생들은 짝활동이나 조별 활동으로 킹 목사의 연대기를 작성하게 한다. 이때 다른 위인의 연대기를 모델로 제시해주는 것이 좋다. 연대기를 작성한 후 학생들은 킹 목사의 주요 활동과 관련된 역사적 사건을 추가적으로 조사하여 발표한다. 모든 과업을 마치고 완성된 내용을 위키피디아 형식의 백과사전 형태로 편집하고 영어로 작성하게 한다.

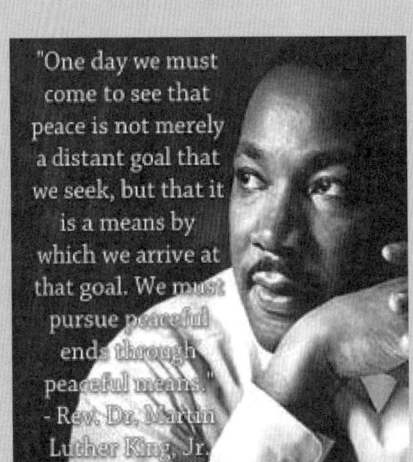
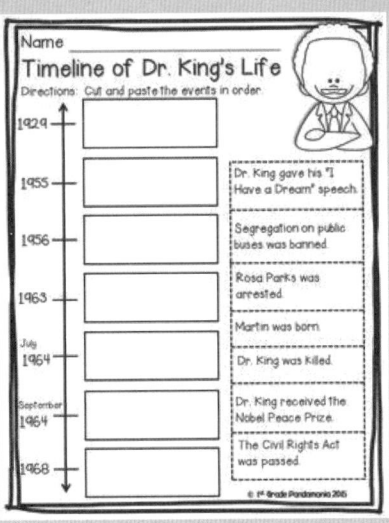

Ⅳ. 문화 중심 외국어 교육

　지금까지 살펴본 문화행위의 각 유형은 모두 소통행위가 핵심이 된다. 문화간 소통행위를 지배하는 것은 어떤 언어적 또는 언어 외적 표현을 얼마나 시의적절하게 사용하는가이다. 다음은 이와 관련된 의사소통 방식의 종류이다.

〈표 4.3〉 의사소통 방식(Moran, 2001:66)

언어 사용 소통	문자 언어	문자 텍스트	통사구조, 어휘, 발음과 억양
	음성 언어	음운구조	
	보조 언어	목소리	어조, 소리 크기, 소리 높이, 발화 속도
		발화 수반 음성	감탄사, 의성어/의태어, 웃음/기침 같은 생물학적 소리
언어 외적 소통	동작	몸의 움직임	표정, 제스처, 자세, 걸음걸이
	안구	눈의 움직임	눈빛, 눈맞춤, 윙크
	촉각	접촉하기	손, 입술, 팔 접촉
	후각	냄새	신체 냄새, 향수 사용
	거리	물리적 공간 사용	대화할 때 사람 간의 거리나 위치
	순서	행위 시간 순서	여러 소통의 동시 발생 또는 순차적 발생
	맥락	사회언어학적 상황	맥락의 투명성 정도(명시적 또는 암시적)

　이와 같은 문화 간 언어적 또는 언어 외적 소통은 소통의 상대, 주제, 장소, 시간, 이유, 방식 등이 얼마나 적절한지에 따라 그 효과를 담보할 수 있다. 예를 들어, 우리나라 사람들은 윗사람과 이야기할 때 상대방의 눈을 똑바로 마주 보고 이야기하지 않는 경향이 있는 반면에 서양에서는 눈을 마주치지 않고 이야기하면 거짓말을 한다고 여기는 경향이 있다. 두 문화권의 사람들이 만나 이야기할 때, 상대방 문화권에서 눈맞춤이 적절한지 아닌지를 고려하지 않으면 오해가 생길 수 있다. 따라서 문화행위를 주제로 수업을 진행할 때에는 학생들이 소통의 적절성에 대해 인식하도록 해야 한다.

4. 문화의식

문화의식은 우리가 특정 문화의 산물과 행위를 경험하고서 그 문화권에서 왜 그런 산물이 존재하고 왜 그런 행위를 하는지에 대한 답을 찾는 과정에서 파악된다. 그 문화의 기저에 자리잡은 지각(知覺), 신념, 가치, 태도 등에서 왜에 대한 답을 찾을 수 있다(Samovar, Porter, & Stefani, 1998; Moran, 2001). 미국의 대표적인 문화의식이라고 할 수 있는 "The American Dream"은 다음과 같이 분석될 수 있다.

〈표 4.4〉 문화의식 The American Dream

문화의식	"The American Dream"	
지각	자유의지를 통한 자연과 환경 지배 가능; 과거보다 미래가 중요	암시적 ↕ 명시적
신념	근면, 봉사, 자주성으로 미국에서 명성과 부를 얻을 수 있다.	
가치	평등, 개인주의, 성취, 경쟁, 물질주의	
태도	경쟁성향, 야망, 결단력, 자기중심주의화, 쾌활발랄	

태도가 가장 명시적이며 지각이 가장 암시적이다. 지각은 수면 제일 아래에 있어서 잘 드러나지 않으므로 해당 문화권의 사람들도 인지 못할 수도 있다. 지각 또는 인식은 문화권별로 차이가 있을 수 있으나 종족 보존이나 유지와 같은 생물학적인 욕구가 동일하므로 인간들은 유사한 지각이나 인식의 초점을 가지고 있다. 다만 그것이 환경적 요인에 의해 다양한 모습으로 분화되는 경향이 있다. 종교를 예로 들면, 어느 문화권이나 집단의 안정성을 담보해주는 의지의 체제로 종교가 시작되었고 제정일치 사회를 거쳐 영적 불안을 달래주는 별도의 시스템으로 발전해왔다. 그러나 유사한 세계관을 갖던 종교는 자연적, 지리적 여건에 따라 집단에 적절한 모습을 갖는 방향으로 변화하고 또는 기독교의 예에서 보듯이 보편적 가치

IV. 문화 중심 외국어 교육

의 전파를 통해 통합되는 모습으로 변화해 왔다.

내부경험자, 외부관찰자

문화의식의 보편성과 다양성은 시점을 기준으로 고찰할 수 있다. 문화권 내부에서 구성원들이 자신들의 문화를 설명하는 내부경험자 시점이 있고, 문화권 외부에서 그 문화를 경험하는 사람들의 외부관찰자 시점이 있다. 내부경험자 시점은 고유 문화에 대한 의식이 반영되므로 문화적 다양성을 볼 수 있는 초점이 되고, 외부관찰자 시점은 여러 문화를 비교하면서 보다 보편적인 기준으로 해당 문화를 분석하게 되므로 문화적 보편성에 대한 의식이 강하게 작용한다.

우리가 낯선 나라에서 낯선 문화를 목격하게 되는 경우를 가정해보자. 우리는 아마 그전까지 경험한 문화, 아마도 가장 경험이 많은 자기 문화권의 문화를 기준으로 낯선 문화에 대해 평가할 것이다. 그 평가 기준은 자신의 문화와의 유사점과 차이점이 되며, 유사한 경우 친밀감을 느끼고 우호적인 태도를 갖는 반면에, 차이가 클 때는 자신들의 문화중심주의(ethnocentrism)에 빠져서 상대방 문화를 바람직하지 않은 문화라고 판단을 하게 된다. 이 과정을 거치면서 그 낯선 문화를 직접 경험하고 이해하게 되면 비로서 내부적 경험자의 시점을 가지게 된다.

3장에서 소개한 문화간 소통능력(ICC)이 발달한 사람은 자문화중심주의에서 빨리 벗어날 수 있고 따라서 쉽게 내부적 경험자가 된다. 또한, 다른 문화를 많이 경험한 사람들일수록 문화에 대한 보편적 인식의 폭이 넓으므로, 자문화중심주의에 빠지지 않고 보편성의 유연한 사고의 스펙트럼을 작동시킨다. 즉 ICC와 경험이 외부관찰자에서 내부경험자가 되게 하는 중요한 요인인데, 많은 경험이 ICC 발달을 촉진하기 때문에, 결국에는 경험이 가장 중요한 요소라고 할 수 있다.

내부경험자 시점에서는 문화산물이나 행위에 대해서는 잘 설명할 수 있지만, 기저의 문화의식은 설명하기 어려운 경우가 많다. 앞서 예를 든 것처럼, 힌두교도들이 소고기를 먹지 않는 이유를 설명할 때 대부분 종교적 교리를 근거로 이야기하지 문화인류학적인 객관적 분석을 근거로 이야기하지 않을 것이다. 내부경험자들은 자신들이 자라나고 생활하는 문화권의 가치들을 소중히 여기고 심지어 맹목적으로 따르는 경우가 많으므로 이들은 자문화중심주의에 깊이 빠질 가능성이 높다. 내부경험자들은 다른 문화에 대해서는 동시에 외부관찰자이기도 하므로 앞서 언급한 외부관찰자의 문화 이해 및 동화 과정은 내부경험자 입장의 공고한 정도가 변수로 작용한다.

영어를 가르치는 교사는 외부관찰자로서 학생들에게 타문화를 이해시키는 노력을 해야 한다. 그러므로 교사는 자문화중심주의에 빠지면 안 되며, 학생들에게 최대한 객관적이고 보편적인 이해 기준을 소개하면서도 목표문화의 다양성을 받아들이는 방향으로 학생들을 안내해야 한다. 그러기 위해서는 교사들은 문화의식에 대한 지식을 갖추어서 왜 그런 문화가 존재하는지에 대한 충실한 설명을 제공해야 한다. 대개 수업에서 문화산물이나 행위에서 출발하여 학생들의 호기심을 불러 일으킬만한 차이점을 강조하면서 배경 의식이 무엇인지를 조사하게 하거나 직접 설명하여, 학생들이 간접적으로나마 문화 경험자의 입장을 경험하게 되고 ICC 능력이 함양되도록 도와주어야 한다.

□ **활동 예시**

학생들에게 처음 영미인들을 만나 소개하고 인사를 나누면서 친교를 맺을 때, 그들에게 물어보고 싶은 질문들을 영어로 작성하게 한 뒤 공유하게 한다. 영어로 작성한 질문들 중에 북미인들이 별로 대답하고 싶어하지 않는 질문들을 골라서 학생들에게 제시한다. 그 질문들은 아마 나이, 이름, 직업, 연봉, 고향, 가족관계 등 개인의 프라이버시에 대한 질문들일 것이다. (이름의 경우는 자기 소개에 대한 답으로 나올 수는 있다.) 이 질문들은 의사소통 기능문으로서 문화행위 요소이지만 북미인들의 문화의식 기준에서는 부적절할 수 있다. 학생들에게 프라이버시를 주제로 한국인들과는 다른 북미인들의 문화의식에 대해 설명한다.

Ⅳ. 문화 중심 외국어 교육

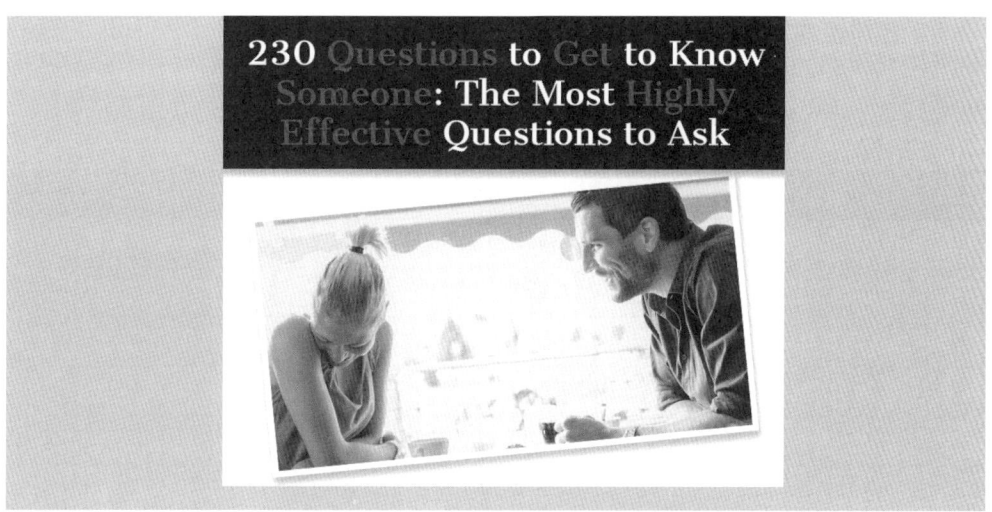

문화의식의 내부 관점

하나의 문화의식을 모든 구성원이 같은 정도로 인식하는 것은 아니다. 내부경험자들 사이에서도 하나의 문화 현상에 대해 서로 다른 시각을 갖게 되는 경우가 있다. 집단의 결속력이 강할수록 통일된 인식을 하게 되지만, 그렇지 않고 개인주의가 발달한 문화권에서는 개인의 의견 표출과 비판이 자유로우므로 특정 문화에 대해 다양한 내부 관점이 존재할 수밖에 없다.

2019년 말 중국 우한에서 발생한 것으로 추정되는 코로나바이러스 감염병에 대한 인식과 대응방안이 국가별, 지역별로 달랐다. 전통적으로 집단주의가 강하고 집단의 질서를 위한 개인의 희생이 추앙받는 아시아 국가들에서는 대체로 정부 정책에 순응하고 감염병 예방 지침을 잘 지키고자 노력하는 모습이 돋보였다. 이와 반대로 집단적인 순응보다는 개인의 권리와 자유를 높은 가치로 여기는 유럽과 북미에서는 아시아 국가들보다 더 많은 환자와 사망자들이 발생하였다. 이 차이를 동서양 문화 간 의식의 차이에 일부 기인하는 것으로 볼 수도 있다.

또한, 코로나바이러스 감염병을 내부적으로 경험하는 사람들 사이에서도 그것에 대한 지각은 다를 수 있다.

<표 4.5> 동일문화권 내의 지각의 차이 예시

집단	코로나 바이러스 감염병에 대한 지각
의사	치료하거나 예방해야 하는 대상
역학조사관	경로 분석과 확산 방지의 대상
행정공무원	관련 규정과 제도의 실천 대상
정치인	정쟁의 대상
미디어 종사자	관련 소식 전달의 대상
교사/학생	교육환경 변화의 동인
일반 직장인	근로환경 변화의 동인
서비스업 종사자	생계를 위협하는 요인

이 이외에도 코로나바이러스 감염병을 생태계를 파괴하는 인간에 대한 복수라고 여기는 학자들도 있고, 연구의 대상으로 보는 과학자 집단도 있다. 감염병에 대한 의식은 보편적으로 안전을 위협하는 것이지만 집단별로 다양한 시각을 가질 수 있다. 그렇다면 하나의 문화의식에 대한 같은 집단 구성원들의 다른 시각들을 교사는 학생들에게 제시해야 하는지 그리고 제시한다면 어떻게 제시해야 하는지 고민해야 한다. 외국 문화 경험과 관련한 예를 들자면, '미국인답다'라는 국가/민족적 특성에 관해 이야기할 때, 우리는 미국인들이 갖는 보편적 특성에 관해 이야기할 것이다. 그러나 '미국인답다'라는 속성은 지역별, 계층별, 인종별, 성별, 연령별로 그 정도의 차이가 있다. 문화의식을 수업에서 소개할 때는 교사는 먼저 보편적인 면에 관해 이야기하고 세부적인 차이는 추가적인 자료를 통해 학생들이 스스로 찾고 인지할 수 있게 하는 것이 바람직한 방법이라 하겠다.

Ⅳ. 문화 중심 외국어 교육

□ 활동 예시

학생들에게 미국의 대통령 선거 제도와 절차, 그리고 관련된 이슈들을 조사하게 한다. 조사결과를 발표한 후에 학생들이 다음 질문에 답하도록 한다.

(1) 미국 대통령 선거와 관련된 문화행위들은 무엇이 있는가?
(2) 미국 대통령 선거와 관련된 문화의식들은 무엇인가?
(3) 이 문화의식들은 각자 조사한 사항에서 어떻게 반영되고 있는가?
(4) 이 문화의식들은 지역사회나 집단별로 어떻게 나타나고 있는가?
(5) 우리나라의 대통령 선거와 미국의 대통령 선거는 문화행위와 의식 측면에서 어떤 차이가 있는가? 두 국가는 대통령 선거제도의 어떤 면을 개선해야 하는가?

5. 문화집단과 개인

문화산물을 만들고 문화행위에 참여하며 문화의식을 공유하는 것은 특정한 집단이나 개인에 초점을 맞추어 분석할 수 있다. 문화집단의 경우, 우리는 국민, 민족, 인종 등의 광범위한 분류를 기준으로 삼을 수 있고, 세부적으로 연령이나 성별 또는 구성 부분집단을 기준으로 삼을 수도 있다. 문화개인은 문화 공유나 참여의 과정에서 어떻게 정체성을 확립하고 어떤 역할을 수행하는지 논의의 대상이 된다.

문화집단

우리가 낯선 문화권에 들어가게 되면 그 문화권을 구성하는 집단의 사람들과 상호작용을 하게 된다. 그 과정에서 그들의 행위와 의식을 경험하게 되면서 그 집단의 문화를 긍정적이거나 부정적으로 공유하게 된다. 문화집단의 가장 기본적인 단위가 될 수 있는 것은 국가이다. 국가는 오랜 시간에 걸쳐 구성원들의 동의에 의해 형성되며 사회적 제도와 시스템을 합의에 의해 운영해왔으므로 그 자체로 가장 강력한 인위적인 문화집단이다. 국가를 구성하는 사람들을 국민이라고 하고 국적을 가진 사람을 국민이라고 정의를 내릴 수 있으나 여기서는 국적 기준의 '국민'보다는 문화를 공유하고 일반적인 삶을 살아가는 사람인 '대중'이라는 용어를 사용하고자 한다. 문화 현상 속에서 대중들은 다시 세분화되어 부분집합으로 다양한 모습을 보인다. 예를 들어, 우리나라에서 주말에 고속도로 휴게소를 들린 대중들을 관찰해보면, 가족들이 하는 행위와 친구 집단이 하는 행위, 그리고 혼자 하는 행위가 서로 다른 패턴을 보인다. 다인종 사회로 구성된 미국에서 대중은 인종별로 어떤 이슈에 대해서 역시 다른 행동 패턴을 보인다.

대중의 세부 커뮤니티들을 앞서는 사회화 단위나 인종적 기준을 중심으로 분류할 수 있음을 이야기했으나, 여러 경우에 세부 커뮤니티들은 장소를 기준으로 분류된다. 가장 대표적인 예가 지역이다. 각 지역 간에 지리적인 차이가 존재하며 지리적 차이가 오래 지속되면서 지역 거주민들은 나름대로 독특한 의식주의 문화를 구축한다. 또한, 지역적 차이로 인해 인위적인 산업화의 차이가 발생하여 산업화와 도시화가 이루어진 지역과 농어촌 지역은 우리가 일반적으로 지각할 수 있는

Ⅳ. 문화 중심 외국어 교육

정서적, 문화적 차이를 보인다. 같은 미국의 대중들이라고 해도, 인종적 분포와 결합하여 서부지역, 동부지역, 중서부지역, 남부지역의 정서와 문화는 매우 다르다. 대체로 동부지역은 보수적인 정서와 문화 주류라는 자부심, 그리고 뉴잉글랜드 지역의 정착 시기 전통이 남아있다. 서부지역은 진취적인 정서와 과학 기술의 발달을 주도하는 미래지향적 사고방식이 팽배해있다. 남부지역은 전통적인 농장지대의 문화와 사고방식이 특징이다. 물론 현대에는 교류 네트워크 방식이 발달하면서 지역적 차이는 크게 줄어들었다. 아래 미국 지도는 분포 인종과 언어의 차이 및 인구 밀집도 등을 보여준다.[25]

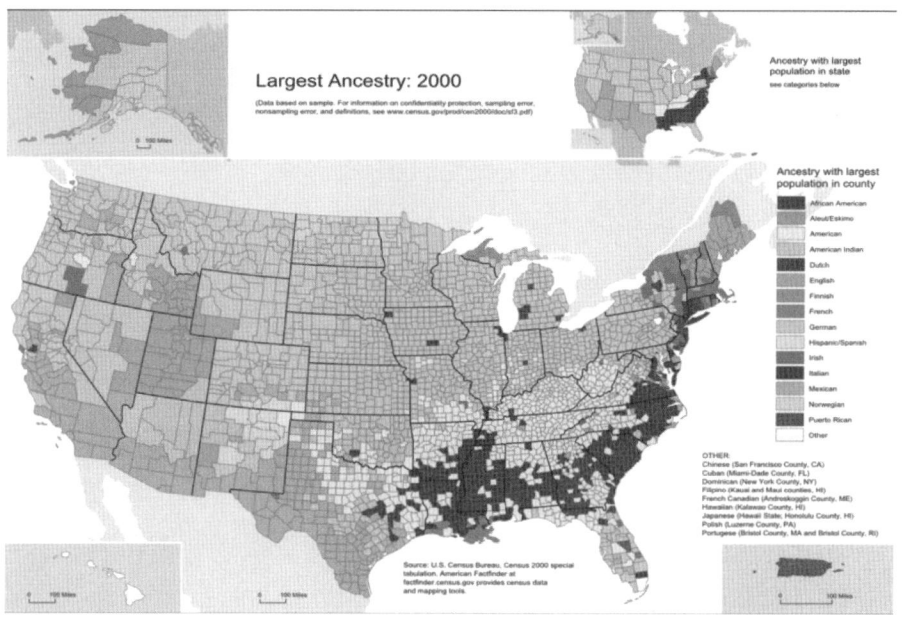

---

25) 위키피디아 지도 인용.
https://ko.wikipedia.org/wiki/%ED%8C%8C%EC%9D%BC:Census-2000-Data-Top-US-Ancestries-by-County-1396x955.png

자연발생적인 측면이 다소 강한 지역적 집단 문화와 달리, 지역을 가로질러 공통적으로 인간이 인위적으로 구축한 공간들도 문화집단 단위가 된다. 학교를 예로 들면, 학교는 장소이면서도 구성원들이 특정한 목적을 같고 공존하는 커뮤니티이다. 학교 안에서도 구성원들의 행위에 따라 더 작은 커뮤니티로 나뉜다. 교사, 학생, 행정직원 등의 세부 커뮤니티들은 서로 다른 목적을 가지고 상호 연결되어 학교라는 공간 속에서 자신들의 문화산물을 만들고 조작하며 문화행위를 수행한다.

Gee(1990)에 따르면, 각 세부 커뮤니티들은 일정한 역학관계를 형성하고 집단 간의 행위는 사회적 관행에 따라 서로 다른 역할을 수행한다. 국가를 단위로 보았을 때, 대중들은 직업, 나이, 성별, 교육 수준, 부의 정도에 따라 상호작용 양상이 다르다. 건강한 관계 시스템에서는 권력의 다소에 따른 차별이 크지 않으나, 그렇지 않은 경우에는 불평등에 따른 갈등이 발생한다. 후자의 경우, 세부 커뮤니티 간의 문화의식의 차이가 크며 외부관찰자의 입장에서는 소위 주류문화가 무엇인지 혼란스러울 수 있다. 대중문화는 흔히 고급문화와 대척되는 개념으로 이해된다. 하지만 대중문화가 구성원들의 일상적인 행위와 정서의 문화라고 한다면 권력 관계와 상관없이 대다수 구성원이 참여하는 문화 현상이 대중문화를 구성하는 것이 될 것이다. 전통적인 문화가 집단의 고유한 특징을 잘 반영하므로 외부관찰자에게 낯설고 매력적으로 보일 수 있으나, 문화간 의사소통을 함의한다면 그 집단의 현재 대중문화의 문화 현상들을 경험하는 것이 외국어 학습에는 더 도움이 될 것이다. 물론 대중문화가 현대 사회에서는 자연스러운 과정이 아니라 미디어를 통해 대량 생산되고 소비되는 형태의 인위적인 과정이 좌우하는 경우가 많으므로, 일부는 우매한 대중들을 선동하는 것으로 여겨지기도 한다. 그러나 대중문화를 저급문화로 보는 이와 같은 시각은 권력 관계가 와해 되는 과정에서 특정계층의 소위 고급문화들이 대중화되면서 이를 저렴한 문화로 치부하려는 시도로도 볼 수 있다. 결론적으로, 타문화를 경험할 때에는 일상행위가 기준이 되는 대중이라고 하는 집단의 문화를 경험하는 것이 그 문화권의 주류문화를 경험하는 것으로 볼 수 있다.

Ⅳ. 문화 중심 외국어 교육

□ **활동 예시**

학생들에게 영미권 학생의 일상이 담긴 동영상을 시청하게 하거나 글을 읽게 한 후, 주인공 학생이 어떤 온라인/오프라인 집단에 속해있는지 찾아보게 한다. 작성한 집단의 리스트를 공유하고, 자신이 속한 집단과 비교하도록 한다. 소속집단의 비교를 통해 두 문화권의 차이를 인식하게 한 후, 다음 논점을 함께 토론한다.

(1) 주인공 학생의 소속집단별 문화산물은 어떤 것들이 있는가?
(2) 주인공 학생의 소속집단별 문화행위는 어떤 것들이 있는가?
(3) 주인공 학생의 소속집단과 관련된 문화의식들은 무엇인가?

위의 질문들을 학생 자신의 소속집단을 대상으로도 이야기하도록 한다.

Garfield(2016)

문화개인

우리가 외국을 방문해서 외국인들에게 우리 소개를 할 때, 보통은 국적을 이야기하고 직업이나 취미 등을 이야기할 것이다. 국적은 국가 정체성의 지표이므로 외국인들은 우리를 관찰하고 분석할 때 이미 한국민에 대해 알고 있는 자신들의 배경지식을 기준으로 우리의 정체성을 파악할 것이다. 그들이 만일 배경지식이 부족하면 우리의 행동과 사고를 접하면서 한국인의 정체성을 파악한다. 과연 한국인의 정체성은 무엇인가? 필자가 만난 외국인들의 대부분에게 한국인이라고 하면 떠오르는 것을 이야기해달라고 하면, 부지런함, 단합력, 멋짐, 총명함 등의 긍정적 이미지와 수동적임, 지나치게 경쟁적임, 지나치게 서두름 등의 부정적인 이미지 등을 떠올렸다. 그러나 우리들 각각의 개인은 어떠한가? 어떤 사람은 부지런하지 않고, 어떤 사람은 능동적이기도 하고, 어떤 사람은 성급하지 않을 것이다. 우리는 이와 같이 자주 국가적 정체성에 개인의 정체성이 함몰되는 상황을 경험한다.

개인의 정체성은 문화권 내에서 성장하면서 사회문화적 경험을 통해 만들어지기도 하지만 유전적으로 타고나는 요소가 포함되어 영향을 미칠 수 있다. 사회문화적 경험이 집단의 보편적 문화를 투영하는 것이라면 생물학적 유전에 따른 형질은 개인의 독특한 정체성 요소를 제공한다. 개인의 정체성은 스스로가 규정하는 정체성과 외부인들이 규정하는 정체성으로 구성된다. 이 두 종류의 접근은 일치할 수도 있고 다를 수도 있다. 예를 들어 미국에 사는 흑인이 본인은 근면하고 예의 바르다고 생각하지만, 피부 색깔에 따른 편견으로 인해 주위 백인들은 그렇게 생각하지 않을 수 있다.[26]

사회문화적 경험이 개인의 정체성을 만드는 과정에서 개인은 사회의 여러 집단에서 생활하고 집단 구성원과의 소통하면서 문화집단의 속성을 공유한다. 여러분도 아마 처음에는 각 소속집단에서 각기 다른 모습으로 여러분의 정체성을 노출할 것이다. 친구들과의 사교 모임과 종교적인 모임에서의 여러분의 모습은 다를 수 있다. 여러분은 여러 집단을 경험하면서 그 경험의 총합이 되는 개인의 문화적 정

---

[26] 필자의 관찰에 따르면, 사람들은 다른 사람들에 대해 그 사람이 어떤 사람인지 이야기를 많이 하지만 실상 본인에 대해서는 자신이 어떤 사람인지 깊이 생각하지 않는 경우가 많았다. 왜 우리는 스스로의 정체성에 대해 생각하려 하지 않을까? 아마도 타인들은 모르는 자신의 어두운 면, 부정적인 성향 등을 회피하기 위함이 아닐까 한다. 그러나 개인의 발전은 자신의 부족한 점을 개선하는 것에서 출발하므로 나 자신에 대해 성찰하는 시간을 정기적으로 갖는 것이 바람직하지 않을까 생각한다.

체성(cultural identity)을 갖게 되고, 시간이 지나면서 각 소속집단별로 차이가 나던 개인의 모습은 보편적인 개인의 정체성으로 중화되어 어느 집단에서나 유사하게 여러분을 규정하게 된다.

개인의 정체성을 이해하기 위해서는 앞서 문화행위에 대해 소개할 때 그것을 파악하는 데 좋은 소재라고 이야기했던 전기(傳記)를 살펴보는 것이 하나의 방법이다. 타문화를 이해하기 위해 그 문화권에서 유명한 사람의 일생을 고찰하는 것은 개인의 정체성뿐만 아니라 그것을 둘러싼 문화권 전체에 대한 이해를 높인다. 유명한 사람이 아니더라도 일상에서 만난 사람과 친교를 맺으며 그 사람의 삶에 관한 이야기를 들어보면, 역시 개인의 정체성과 유명인 정도까지는 아니더라도 문화권 일부의 의식을 엿볼 수 있다. 필자는 유학 시절에 미국인 할머니의 집 방 하나에 세들어 산 적이 있다. 그 할머니는 백인이였고, 독실한 복음주의 기독교 신자로서 필자와 대화를 나누면서 그녀의 종교관과 삶에 관한 이야기를 단편적으로 들을 수 있었다. 미국문화를 경험하던 초반에 그들의 종교에 기초한 국수주의, 백인 우월주의, 근검절약 정신, 공동체 의식 등을 생생하게 지각하였다. 문화 소재의 영어 수업에서 개인의 삶을 소개할 경우, 보편적인 문화를 학생들이 경험하게 하기 위해서는 유명인을 소재로 하는 것이 나을 수는 있으나, 학생들의 공감을 보다 얻을 수 있는 것은 일반인의 독특한 인생 이력일 것이다.

개인의 정체성은 타문화를 경험하면서 그 폭을 넓히게 된다. 그 과정에서 자신의 정체성, 자신의 고유한 집단의 정체성과 타문화권의 개인이나 집단의 정체성을 비교하면서 자의식이 생기게 되고 사고의 지평이 확대된다. 이는 개인의 발전을 위해서도 바람직하고, 전체의 발전을 위해서도 바람직하다. 국제어인 영어를 학습한다는 것은 문화경험과 이해 및 정체성을 풍요롭게 하는 길에 들어서는 첫 번째 단계가 아닐까 한다.

문화 이해를 통한 영어교육

☐ **활동 예시**

학생들에게 영미권 드라마나 영화 영상의 일부를 보여준다. 가능하면 영상에 여러 인종이 등장하는 것이 흥미있을 것이고, 그 영상의 내용은 개인의 성격이 잘 표출되는 것이면 좋다. 시청 후 학생들에게 각 등장인물의 특징을 기록한 후 짝 활동을 통해 공유하게 한다. 그런 다음 짝과 완성한 등장인물 특징의 리스트를 발표하게 한다. 교사는 학생 전체의 의견을 종합한 리스트를 작성하여 전체가 공유하게 하고 다음과 같은 질문을 던진다.

(1) 등장인물의 특징이 인종적인 차이가 있는가?
(2) 등장인물들은 어떤 커뮤니티에 속하며 어떤 활동을 하는가?
(3) 등장인물이 그 국가의 전형적인 인물인가? 아니라면 어떤 면에서 아닌가?
(4) 여러분과 비슷한 등장인물이 있다면 누구인가?
(5) 여러분이 좋아하는 등장인물은 누구이며 왜 좋아하는가?

6. 언어, 문화 공유의 매개체

언어는 문화산물의 일종이며 문화행위의 수단이기도 하고 문화의식을 표현하는 수단이다. 따라서 문화적인 산물, 행위, 의식, 집단, 개인 등의 문화 현상 요소들과 밀접한 관계에 있다. 언어는 또한 문화를 학습하는 과정에서 문화 표현 및 전달과 공유의 매개체 역할을 한다. 문화 참여, 기술, 해석, 반응의 문화학습 단계별로 언어는 중요한 역할을 수행한다.

문화 요소와 언어

각 문화 요소와 언어와의 관계는 다음과 같다.

- **문화산물과 언어**

언어 그 자체는 문화적 산물이다. 지구촌 각 지역에서는 다양한 언어가 존재한다. 언어는 의사소통의 수단이라는 보편적 기능을 수행하지만, 형태에 있어서는 지역마다 다르다. 언어학의 여러 분야에서는 언어를 구체적인 산물로 보고 이런 차이들을 연구한다.

문자언어의 경우는 산물로서의 모습을 뚜렷하게 보여준다. 한글만 하더라도 세종대왕과 학자들이 구체적인 목적을 가지고 창제한 인공물의 한 종류이다. 한글을 비롯한 여러 나라의 문자들은 미술 작품의 소재가 된다는 면에서 예술적 산물이라고도 할 수 있다. 소리언어도 물론 문화적 산물이다. 가수의 노래를 들으면 각 소리에는 음의 고저, 장단, 음색 등에서의 차이가 감성의 차이를 만들어낸다. 각 소리가 합쳐져 운율을 만들면 멜로디가 생성되면서 이 역시 산물이 된다. 각 나라의 언어를 들을 때 어떤 언어는 딱딱하고, 어떤 언어는 부드럽다고 말 할 수 있는 것도 언어가 산물이라는 증거이다.

언어는 의사소통의 수단으로서 문화적 산물이다. 우리가 쇼핑을 하면서 판매원과 이야기를 나누는 경우, 언어는 거래의 수단으로서 객체로 존재한다. 대화의 상황에 따라 우리가 사용하는 언어는 다른 모습을 가진다는 측면에서 문화 차이를 보여주는 문화적 산물로 볼 수 있다.

• 문화행위와 언어

언어행위는 의도를 가진 행위이며, 문화 관습적 행위에 참여하는 데 필수적인 매개수단이다. 언어행위는 문자를 활용한 읽기와 쓰기, 소리를 활용한 듣기와 말하기 등의 네 종류가 있다. 아래 <표 4.6>과 같이, 각 종류의 언어행위는 하나 또는 둘 이상이 앞서 살펴본 대상물 다루기, 일상적인 의사소통, 소통 시나리오, 삶의 기록 등의 문화행위에서 기능을 수행한다.

<표 4.6> 문화행위에서 발생하는 언어 행위

문화 언어	대상물 다루기	일상적인 소통	소통 시나리오	삶의 기록
듣기	설명/지시 듣기	일상적 대화문 듣기	대화 듣고 이어가기	인터뷰 듣기
말하기	설명/지시 하기	일상적 대화문 말하기	대화 말하고 이어가기	인터뷰 말하기
읽기	설명/지시 읽기	일상적 문장 읽기	시나리오 읽기	전기물 읽기
쓰기	설명/지시 쓰기	일상적 문장 쓰기	시나리오 쓰기	전기물 쓰기

예를 들어, 여러분이 주도하여 친구들과 함께 송년 모임을 하는 상황을 가정해 보자. 여러분은 먼저 친구들에게 송년 모임에 와달라는 초대의 글을 휴대전화나 이메일을 이용해 써서 보낼 것이다. 송년 모임 현장에서 여러분은 친구들과 만나서 인사하거나 감사하기와 같은 일상적인 의사소통 기능문을 활용해서 말하기를 할 것이고, 대화 전체는 송년 모임에서 주로 관찰되는 소통 시나리오를 구성한다. 지난 일년간의 일과 느낀 점 등을 이야기한다면 이것은 삶의 기록의 일부가 된다.

IV. 문화 중심 외국어 교육

　영어교육에서는 문화행위에 속하는 언어행위 경험을 통해 듣기, 말하기, 읽기, 쓰기 등에서 유창성을 높이는 훈련을 한다. 일반적인 영어교재를 살펴보면, 의사소통 기능문과 언어형식에 대한 설명이 제공되고, 의사소통 기능문을 대화 시나리오에서 연습을 하고 다양한 주제의 텍스트를 읽으면서 자연스럽게 어휘력과 해석력을 키우게 구성되어 있다. 영어교육에서 가장 중요한 문화 요소는 따라서 언어행위가 기초가 된 문화행위라고 할 수 있다.

• 문화의식과 언어

　문화의식을 표현하는 데에도 언어가 중요한 역할을 한다. 두 명의 사람이 공정성에 대해 의견을 나누고 있는 경우, 각자의 지각, 신념, 가치관 등이 명확하게 언어로 표현된다. 정치인들이 연설이나 토론에서 자신의 의식을 대중에게 표현하고, 교수나 교사가 학생들에게 특정한 의식에 대해 설명하는 행위에서도 언어가 없다면 문화의식의 전달이 불가능하다. 즉 언어를 통해 개인의 머릿속에 있으면서 잘 드러나지 않을 수도 있는 문화의식이 다른 사람들에게 표출되며 이해나 갈등의 소지를 제공한다. 정치적 성향에 대해 잘 모르고 지내던 친구와 대화를 나누던 중 우연히 그 친구의 언어로 그의 정치적 신념에 대한 이야기를 듣게 되었을 때, 만약에 그의 신념이 우리의 것과 유사하면 공유와 이해의 결과가 나올 것이지만, 다른 경우에는 갈등과 오해가 생길 것이다.

　문화의식은 문자언어를 통해 더욱 지속적이고 적극적으로 표현된다. 대부분 기관은 목표나 이념, 비전 등을 가지고 있다. 기업의 사훈, 정당의 정강(政綱), 중등학교의 교훈, 대학의 교육목표, 시민단체의 슬로건, 가족의 가훈 등이 오랜 고민 끝에 정해진 의식의 문자 표현이다. 문자화된 의식의 표현은 때로는 생각을 재단하는 프레임(frame)으로 작동하여, 긍정적으로 보면 하나의 의식으로 구성원들의 단합을 이끌어 내고 행동을 결집시킬 수 있으나, 부정적으로 보면 프레임에 갇힌 구성원들이 다른 의식에 대해 배타적이 되고 자신의 프레임을 지키기 위해 공격적이 되기도 한다. 진영 논리에 매몰된 정치적 이데올로기의 프레임이나 광신의 극단 성향으로 나타나는 맹목적인 종교적 프레임 등이 부정적인 예가 될 수 있다.

영어교육 현장에서 교사가 문화산물이나 행위를 소개하면서 그 이면에 있는 문화의식을 엿볼 수 있는 영어 자료를 학생들이 시청하거나 읽게 하면, 학생들은 문화의식과 관련된 언어를 학습하게 되는 것이다. 대체로 문화의식은 이념적이고 가치관이 반영되는 것이므로 학생에 따라서는 그것을 긍정적이거나 부정적으로 받아들일 수 있다는 점을 고려해야 한다. 또한 문화의식을 보여주는 주제 중 논란이 많은 주제, 예를 들어, 종교, 인종, 성(性)적 선택권, 낙태 등의 주제들은 중등교육에서는 다루지 않는 것이 좋고, 성인 영어교육의 주제에서 활발한 토론을 이끌 수 있는 주제로 다루는 것이 좋다고 필자는 생각한다.

• 문화집단 및 개인과 언어

지역방언과 사회집단방언에서 보듯이 문화집단은 때로 독특한 언어 양상을 보인다. 우리는 언어를 통해 사람들이 어느 지역 출신인지 또는 어느 사회집단에 속하는지 알 수 있다. 특히 사회집단방언은 직종, 연령, 성 차이 등에 따라 다른 모습을 보인다. 직종별로는 구성원들이 자기들만이 알고 사용하는 용어들이 있고, 연령대별로는 젊은 세대와 노년 세대의 어휘나 언어 구조가 다를 수 있다. 성별로도 언어는 차이를 보이는데, 예를 들어, 대체로 여성들이 부정의문문이나 부가의문문들을 남성들보다는 상대적으로 많이 사용한다.

집단방언은 일정한 규준(norm)에 따라 통용된다. 국가 단위로 보았을 때, 한국어라고 하면 국가표준의 언어 형태가 제시되며 국민들은 그 표준형태의 언어를 사용하도록 교육받는다. 직종별로도 자신들의 언어에 대한 규준이 있어서 그 규준을 따르지 못하는 사람들은 배타적인 취급을 받을 수 있다.

문화개인도 각자 독특한 언어사용 양상을 보인다. 본인이 속한 집단의 규준을 따르면서 집단의 공통된 언어를 사용하지만, 개인별로 말투나 소리의 특성, 글의 경우 문체 등에 있어서 차이를 보인다. 문화개인은 또한 상황에 맞게 다른 언어를 구사하기도 하는데, 예를 들어, 우리는 우리 또래나, 연장자, 상대 성(性)에게 이야기할 때 각기 다른 어투로 이야기한다.

우리나라의 영어교육에서는 현재 미국영어를 주로 가르친다. 그러나 다문화주의 시각에서 영어는 국제어라고 인식하고, 학생들이 미국영어뿐만 아니라 영국영어, 호주영어, 인도영어, 싱가포르영어 등도 조금씩이라도 경험하게 하는 것이 좋다. 각 영어의 국가별 방언은 큰 차이가 없고 주로 발음와 어조에서 차이가 있으므로, 교사는 시청각 자료를 이용하여 학생들에게 방언을 들려주도록 한다. 또한 교사는 미국영어라고 하더라도 지역방언별, 사회집단방언별 차이를 학생들이 경험할 수 있도록 관련 자료를 제공해야 한다.

활동 예시

학생들에게 말풍선이 비어 있는 만화 컷을 제공한다. 만화는 타국의 축제나 행사 등을 소재로 한 이국적인 것이 좋다. 만화를 구하거나 제작하기 어렵다면 관련 사진을 보여주고 대화문을 작성하게 해도 된다. 학생들은 다음 요청을 고려하여 비어 있는 말풍선이나 대화문을 채운다.

(1) 만화/사진에 등장하는 것들에 대해 설명하시오.
(2) 등장인물들이 나누는 대화를 완성해보시오.
(3) 만화/사진에 등장하는 축제나 행사의 유래에 대해 글을 쓰시오.

(4) 만화/사진에 등장하는 사람들은 어떤 사람들인지 묘사하시오.

우리는 지금까지 문화 요소의 측면에서 언어가 어떻게 기능하는지 살펴보았다. 다음에서는 문화를 학습하거나 경험하는 과정에서 언어가 어떻게 관여되는지 살펴보기로 한다.

문화 학습 및 경험과 언어

우리가 문화를 학습하거나 직접 경험하면서 문화에 참여하고, 참여 경험을 묘사하며 설명하고, 그것에 대한 자신의 생각이나 의견을 피력하는 일련의 과정은 언어를 매개로 이루어진다. 다음에서는 Moran(2001)이 정리한 참여의 언어, 묘사의 언어, 설명/해석의 언어, 개인 반응의 언어 등에 관해 소개하겠다.

• 문화활동 참여의 언어

문화활동에 참여하면서 우리는 기본적으로 관찰과 실행 그리고 의사소통 행위를 수행한다. 영어 수업 시간에 간접경험을 하는 경우. 관련 텍스트를 읽고, 동영상을 시청하고, 역할극 등을 통해 대화를 주고받고, 요리나 제작 등 실제 활동들을 통해 문화활동에 참여한다. 물론 수업에서 사용되는 언어는 우리나라의 경우 어휘와 언어형식이 교육과정에 따라 통제되어 학습에 도움은 되지만, 보다 더 생생한 경험을 위해서는 통제되지 않는 자료들을 함께 사용하는 것이 바람직하다. 참여의 언어는 주로 대화의 언어로서 소리언어가 큰 부분을 차지한다. 이와 관련해서, 교실수업에서는 다양한 의사소통 기능문들을 활용하여 대화를 나누는 연습이 위주가 된다.

참여의 언어는 주로 사회화, 관계 설정 및 유지, 타인 통제, 감성 공유 등의 의사소통 기능으로 구성된다. 여러분이 스페인의 토마토 축제에 참가하는 과정을 상상해보자. 여러분은 먼저 스페인 사람들과 인사를 나누고 친교를 맺을 것이다. 그리고 관계가 지속되면서 스페인 친구들에게 요청이나 부탁을 할 것이고 느낀 점에 대해 서로 의견을 나누는 시간을 가질 것이다. 이 직접 경험의 과정이 모두 참여의 언어로 이루어진다. 수업 시간에 토마토 축제를 주제로 영어를 학습한다면 간접경험의 한계가 있지만, 참여의 언어뿐만 아니라 묘사, 해석, 반응 등의 언어로 전체 수업을 구성하여 보다 풍요로운 언어학습 틀을 만들 수 있다.

• 문화경험 묘사의 언어

우리는 문화를 경험하면서 또는 경험한 후에 그 결과를 다른 이들에게 묘사할 수 있다. 문화 경험에 대한 묘사는 대체로 정보전달 기능을 갖는다. 경험 과정에서 목격했던 문화산물과 참여했던 문화행위에 대해 글이나 말로 묘사하고, 그 이면에 있는 문화의식에 대해 설명한다. 묘사의 언어는 경험을 통한 문화 현상을 규정하고 파악하는 지식화의 기능, 경험을 간추려 소개하거나 사실을 정확히 전달하는 이해의 기능, 6하 원칙에 의거해서 사실을 기술하는 기능, 묻고 파악하고 정의하는 인지적 기능 등을 수행한다.

교실 수업상황에서는 텍스트를 읽거나 동영상을 시청하여 간접적인 문화경험을 한 학생들에게 교사는 다음과 같은 영어 질문들을 해서 묘사의 언어를 활용할 기회를 제공할 수 있다. (아래 질문에서 they는 등장인물, that은 사건이나 행동을 지칭한다.)

- What happened? / What did they do?
- Who are they?
- How did they do that?
- Why did they do that?
- When and where did that happen?

이 질문들에 대한 답은 학생의 영어 수준에 따라 문장 완성 활동이나 단답형 대답 제시 또는 문장을 작문해서 제시하는 활동 등으로 나눌 수 있다. 추가로, 학생들에게 대답에 이어서, 관련된 우리나라의 문화를 비교하여 묘사하도록 한다.

- **문화 현상 해석의 언어**

해석의 언어는 묘사의 언어와 유사한 듯 하지만 자세히 살펴보면 그렇지 않다. 묘사의 언어는 관찰 사실에 대한 주관적이거나 객관적인 정보를 전달한다. 그러나 해석의 언어는 그 사실에 근거하여 관련된 문화 요소들의 눈에 보이지 않는 사실을 유추하여 상대적으로 더 주관적으로 설명한다. 해석 작업은 가설을 만들고 제안하거나 일반화하는 등의 이성적 탐구 기능, 분류 및 추론 같은 분석 기능, 결론을 내리고 예측하며 가능성을 고찰하는 인지적 기능 등으로 구성된다.

문화 해석 과정에서 경험자나 학습자의 주관적인 가치관이 작동하여 문화 현상에 대한 긍정적 또는 부정적 반응을 이끌어낸다. 해석이란 우리의 기존 경험을 통해 축적된 지식과 인지적 판단의 체계에 기초하므로, 새로 경험한 문화 현상을 해석할 때, 각자 다른 반응을 보이기도 한다. 인간의 기본적인 욕구와 관련된 문화 현상은 겉으로 보이는 산물이나 행위가 낯설어도 일단 기저 의식을 파악하게 되면 대부분 보편적이고 객관적인 해석을 내놓을 것이다. 그러나 산업화된 자본주의적 가치에 따른 욕망 실현과 관련된 문화 현상에 대해서는 개인의 스키마에 따라 다른 해석들을 내놓을 수 있다. 해석이란 이와 같이 기저 의식을 파악하는 과정이며 동시에 개인 반응의 징검다리이기도 하다.

교실 수업 현장에서 해석의 언어를 학습하도록 하기 위해서는, 교사는 학생들에게 문화 현상에 대해 문화의식을 파악하도록 유도하거나 알려주는 활동이 주가 된다. 예를 들어, 서양의 할로윈 축제는 매우 잘 알려진 문화이다. 학생들에게 할로윈 축제의 유래를 조사하게 하여 객관적인 지식을 근거로 문화 현상을 해석할 수 있게 한다. 여기서 주의해야 할 점은 어떤 문화 현상은 그 유래가 되는 문화의식이 현재에도 똑같이 남아 있지 않은 경우들이 있다는 것이다. 그러므로 학생들은 현재의 할로윈 축제는 어떤 의미가 있으며 어떻게 과거에서 변화했는지, 그리고 현대 사회에서는 어떤 의미가 있는지 생각해봐야 한다. 영어 수업에서 해석의 언어는 문화의식을 조사하면서 텍스트 읽기나 영상 시청 듣기를 통해, 또는 사실에 대해 자신의 의견을 영어로 말하거나 쓰게 하는 방식으로 연습 될 수 있다. 학생들의 해석 작업 전에 일종의 브레인스토밍으로, 교사는 해당 문화 현상의 문화산물을 사진이나 영상으로 보여주고 관련 핵심 어휘와 표현을 미리 제시하는 것이 좋다. 해석 작업 후에는 학생들이 우리 문화권에 같은 문화의식에 기반한 문화 현상이 있는지 알아보고 토론하여 문화 비교 작업을 하는 것도 의미 있는 활동이다.

• 문화 현상 반응의 언어

해석을 마치면 자신의 가치체계에 따른 판단을 한다. 경험자나 학습자의 주관적인 판단기준이 작동하는 것이다. 이들은 자신의 해석 결과에 반응을 함께 내보이고 동시에 타문화권 사람들의 반응과 비교하면서 자기 문화권과 자기 자신을 인식하는 기회를 가진다. 반응의 언어는 판단, 지지, 비판 등의 평가 기능, 해당 문화에 대한 개인의 감정적 반응을 이야기하거나 듣는 감정 표현 기능, 자신의 판단을 더 확인하기 위해 질문하고 의견을 개진하는 탐구/조사 기능 등을 수행한다.

타문화에 대한 개인의 반응은 궁극적으로 문화동화의 마지막 단계인 자의식의 형성으로 이어진다. 편견이 심하거나 배타적인 성향의 사람들은 아마도 낯선 문화를 경험하면서 부정적인 반응을 보일 것이며, 그렇지 않은 사람들은 상대적으로 긍정적이거나 중립적인 반응을 보일 것이다. 따라서 반응은 유도될 수 있으나 반응의 방향은 개인의 성향이 결정한다.

교실 수업에서 교사는 학생들에게 먼저 다양한 감정과 의견 표현들을 제시한 후 학생들의 반응을 이끌어내는 활동을 실시한다. 반응의 언어를 연습하기 위해서 학생들에게 교사는 다음과 같은 질문을 할 수 있다.

- Would you tell us about your feeling or opinion about this?

- Have you ever participated in the event like this? How was that?
- Do you agree or disagree on why they do this?
- What more would you like to know or do about this?

우리는 이상에서 경험과 학습에서 사용되는 언어의 종류와 기능에 대해 알아보았다. 영어 수업에서 교사는 참여, 묘사, 해석, 반응의 과정을 하나의 문화 현상을 주제로 설계하고 수업이 진행되면서 이 네 과정의 영어가 연결되면서 학습될 수 있도록 해야 한다.

결론적으로 언어는 문화 현상의 핵심이다. 언어는 문화적 산물, 행위, 의식, 집단, 개인을 하나로 이어가는 도구로서 기능을 수행한다. 언어는 또한 문화 현상에 대한 참여, 묘사, 해석, 반응의 과정을 이어가는 수단이기도 하다. 따라서 우리가 영어학습을 염두에 두고 문화를 가르치고 배우는 과정을 설계하면, 보다 재미있고 효과적인 학습이 이루어지며 높은 학습 성과도 기대할 수 있다.

V
문화 소재 영어수업활동

V. 문화 소재 영어수업활동

지금까지 우리는 문화의 기본 개념과 문화 간 이해 및 소통능력, 그리고 문화교육에 대한 전반적인 내용을 살펴보았다. 이 내용을 기초로 영어 교사들은 다양한 수업활동을 진행할 수 있다. 본문의 내용 중에 '활동 예시'라는 제목으로 관련 내용에 대한 간단한 수업활동의 아이디어들을 소개했으나, 본 장에서는 이를 보다 확대하여, 지금까지 소개한 문화교육의 내용을 기초로 교실 학습 상황에서 문화 소재를 수업 주제로 하는 20가지 활동을 소개한다.

이 수업활동들은 이용자에 따라 수준과 자료를 적절히 변용하여 활용될 수 있다. 여기서 소개하는 수업활동들은 간략한 절차를 소개하는 형식으로 되어있으므로, 교사는 학생의 수준이나 연령 등의 변수를 고려하여, 상황에 따라 자세한 활동계획서를 작성하여 사용할 것을 권장한다. 또한, 모든 활동 전에, 교사는 관련된 어휘와 의사소통 기능문을 학생 수준에 따라 미리 제시하는 것이 상황에 따라 필요할 수도 있다.

여기서 소개한 수업활동들을 진행할 때, 교사는 반드시 다음 질문을 염두에 두고 학생들이 질문에 답을 하는 과정에서 문화 요소의 분석과 문화 현상의 이해, 더 나아가서 자문화 인식의 단계까지 이르도록 노력해야 한다.

- (시청한 영상이나 읽은 텍스트에서) 관찰된 문화산물은 어떤 것들인가?
- 사람들은 어떤 문화행위들을 하는가? 특히, 해당 상황에서 자주 사용되는 의사소통 기능과 문장은 어떤 것들이 있는가?
- 문화산물 및 문화행위 이면에 감춰져 있는 문화의식은 무엇인가?
- 문화행위 참여자들의 집단 단위는 무엇이며 집단의 공통된 행동방식은 무엇

인가?
- 문화행위에 참여하는 집단 구성원 개인들의 행동과 의식은 어떤 차이가 있는가?
- (간접적으로) 경험한 문화 현상과 유사한 현상이 우리나라에도 있는가? 없다면 왜 없는가? 있다면 둘 간에 차이가 있는가? 차이가 있다면 그 이유는 무엇인가?

여기서 소개할 수업활동들은 폭넓은 활용을 위해 구체적이기보다는 개략적인 방식으로 구성되어 있다. 주제들은 기본적인 문화 현상을 다루며, 절차도 간략하게 소개되었다. 교사들은 이것들을 참고하여 자신만의 구체적인 활동으로 개정하여 사용하고 활동 관련 평가도 설계하기 바란다.

수업활동들에서 제시한 웹사이트의 자료들은 참고용일 뿐이다. 교사들이 수업 상황에 맞는 자료를 찾아서 편집하여 활용하는 것을 필자는 제안한다. 다시 말해서, 수업활동을 위해 소개한 영상이나 텍스트 등은 있는 그대로의 자료이므로 대체로 독해나 청해가 어려울 수 있다. 교사는 학습자 수준에 맞추어 더 간단한 것으로 대체하거나 편집해서 사용할 것을 권장한다.

V. 문화 소재 영어수업활동

01   My village

■ 개요

학생들이 단체로 가상의 마을을 만들고 마을의 문화를 구축하게 한 후, 다른 마을과 교류하며 예상되는 갈등에 대해 알아본다.

■ 절차

[1] 4명 이상의 학생들을 한 조로 구성한다.
[2] 조별로 고립된 마을 공동체를 만든다.
[3] 마을의 특징을 규정하는 문화적 산물들을 정하도록 한다.
　- 학생들은 다음 문화적 산물들을 정하고 영어로 마을 자치규약을 만든다.
　• 마을을 들어설 곳의 지리적 여건과 날씨 등 환경적 여건
　• 지리적, 환경적 여건에 맞는 의복
　• 주식이 될만한 음식
　• 마을의 축제
　• 마을의 상징이 될 수 있는 조형물
[4] 각 조는 작성한 문화산물 항목과 자치규약을 발표하여 다른 조와 공유한다.
[5] 조별로 자신들이 정한 문화산물들과 관련된 행위를 연결하는 의미 지도(semantic map)를 만들고, 관련 행위에 대해 영어로 발표한다.
[6] 두 조씩 묶어서 다시 하나의 공동체로서 함께 살아가는 상황을 가정하고, 두 조의 마을 거주민 집단 사이에 발생할 수 있는 오해나 갈등에 대해 논의한다.

■ 응용

마을 단위에서 벗어나 가상의 국가를 만드는 활동을 위와 유사한 방식으로 할 수 있다. 또는 자신들만의 동아리를 만드는 방식으로 활동을 진행할 수 있다.

■ 의의

　• 문화 요소들의 배경과 그것들에 대한 관점을 스스로 확인한다.
　• 타 문화권과의 소통을 통해 갈등 해소를 위해 노력하는 경험을 한다.

문화 이해를 통한 영어교육

02　Express it with body language

■ 개요

학생들이 영어권 문화 현상을 몸동작으로 표현하고 그 동작에 해당하는 것을 맞혀본다.

■ 절차

[1] 4명 이상의 학생들을 한 조로 구성한다.

[2] 첫 번째 조가 나와 교실 앞으로 나와 일렬로 등을 보고 줄을 선다.

[3] 줄의 마지막 학생이 몸을 돌려 영어권 문화산물이나 문화행위를 묘사한 글이나 그림, 사진 등으로 표현된 문제를 본다.

[4] 처음 문제를 본 학생은 몸을 돌려 다음 학생을 돌려세운 뒤 자신이 본 것을 몸짓으로 묘사한다. 마지막 학생까지 이 과정은 반복된다.

[5] 마지막 학생은 전달받은 묘사된 내용을 말로 표현한다.
　- 영어 수준에 따라서 한국어나 영어로 묘사하게 한다.

[6] 각 조는 일정 수의 문제를 같은 과정으로 수행한 뒤, 맞힌 문제 수가 가장 많은 조가 우승한다.

■ 응용

조별로 하나의 문화 현상을 주제로 한 텍스트를 읽게 한 후, 조원들이 각자 핵심이 되는 하나의 문화산물이나 문화행위를 담당하여 각각 영어로 표현하면 다른 한 조가 그 전체를 묶어서 추론하여 문화 현상을 묘사한다. 두 조가 한 팀이 되어 다른 팀들과 맞히기 시합을 한다.

■ 의의
- 문화 현상의 핵심 구성 요소들을 파악한다.
- 문화 현상을 설명하는 연습을 한다.

V. 문화 소재 영어수업활동

03　My favorite food

■ 개요

식생활은 문화의 차이를 보여주는 좋은 예이다. 학생들은 외국의 식사 장면 동영상들을 보며 식사 방식과 음식의 차이에 대해 알아보고 그 이면의 문화의식에 대해 조사해본다.

■ 절차

[1] 학생들에게 영국, 인도, 베트남 가정의 저녁 식사를 묘사한 영어로 제작된 동영상을 보여준다.
[2] 학생들은 각 가정의 식사 장면을 보고 등장한 음식들의 목록을 작성한다.
[3] 식사에 사용되는 도구들의 목록을 작성한다.
[4] 학생들 각자가 작성한 목록을 짝과 비교하여 2인 1조로 목록을 완성한다.
[5] 영어 수준에 따라 학생들에게 영상 텍스트를 제공하거나 영상만 시청하게 하여 식사 자리에서 어떤 대화를 했는지 이야기하게 한다.
[6] 학생들은 영상에서 본 음식 중에서 먹어본 음식에 대해 영어로 이야기한다.
  - 교사는 미리 음식의 맛과 모양을 표현하는 어휘를 제공한다.
[7] 교사는 각국의 음식 문화의 특징적인 문화의식을 소개하거나 학생들이 조사하는 과업을 내준다.

■ 응용

음식이나 식사 도구, 대화 주제 등을 우리나라 식사 상황과 비교하게 한다. 학생들에게 우리나라 음식 중에서 외국인들에게 추천하고자 하는 음식에 대한 소개의 글을 영어로 쓰게 한다.

■ 의의

- 음식문화와 식사행위의 차이를 경험한다.
- 고유한 음식문화와 식사행위의 기저 의식에 대해 알아본다.

04 Fashion style

■ 개요

식생활과 더불어 전통적인 의복은 문화의 차이를 보여주는 좋은 예이다. 세계화 시대에 서양식 의복이 보편적이기는 하지만 패션스타일은 다를 수 있다. 학생들은 외국의 의복 사진이나 동영상에 등장하는 인물들의 의복을 관찰한 뒤, 그 이면의 문화 의식에 대해 조사해본다.

■ 절차

[1] 학생들에게 2~3개국의 전통의상을 확인할 수 있는 사진이나 동영상을 보여준다.
[2] 학생들에게 각 전통의상의 명칭과 옷의 부분 명칭을 영어로 알려준다.
[3] 각 전통의상의 유래를 설명한 영어 텍스트를 학생들에게 제공하여 읽게 한다.
[4] 학생들 텍스트를 읽고, 6하원칙에 준하는 영어 질문에 답하게 한다.
[5] 사진에서 확인한 전통의상을 입고 그 민족이 하는 문화행위를 보여주는 동영상을 틀어준다.
[6] 학생들에게 문화행위의 담겨있는 문화의식을 소개한다.
[7] 한복의 특징과 기원 등을 조사하여 영어로 발표하는 과업을 내준다.

■ 응용

한국과 미국이나 영국의 중고교 또는 대학생들의 패션스타일을 비교하는 방식으로 위의 단계를 진행할 수 있다. 특히 교복 문화에 대한 논의를 할 수 있다. 그런 경우 한국과 미국의 집단주의 대 개인주의 문화에 대해 논의하거나 실용주의라는 의식을 초점으로 패션에 관해 이야기할 수 있다.

■ 의의

- 의복 문화와 패션스타일의 차이를 경험한다.
- 고유한 의복과 패션스타일 차이를 가져오는 문화의식에 대해 알아본다.

05 My dream house

■ 개요

지리적 환경에 따라 주거문화는 큰 차이를 보인다. 세계 각국의 주택문화를 관찰하고 분석한 후 바람직한 거주지는 어떤 모습이어야 하는지 알아본다.

■ 절차

[1] 학생들에게 세계 여러 나라의 주택 모습을 확인할 수 있는 사진이나 영상을 보여준다. 관련 사진이나 영상은 부동산 중개 웹사이트에서 구할 수 있다.
[2] 학생들에게 주택과 관련된 영어 표현을 알려준다.
[3] 학생 개인별, 또는 조별로 한 국가의 주택을 정하여 그 특징을 발표한다.
[4] 학생들은 서로 발표한 주택 중 마음에 드는 스타일의 주택을 선택하고 그 이유를 설명한다.
[5] 학생들은 서로 발표한 주택 중 마음에 들지 않는 스타일의 주택을 선택하고 그 이유를 설명한다.
[6] 학생들에게 각국의 주택 모양과 기능에 대한 문화의식을 소개한다.
[7] 한옥의 특징과 기원 등을 조사하여 영어로 발표하는 과업을 내준다.

■ 응용

우리나라는 아파트 지향 문화가 특징이다. 우리나라는 왜 아파트를 선호하는 문화가 언제 왜 생겨났으며 바람직한 주택의 모습과 환경은 어떤 것인지 토론한다. 토론을 위해 한국의 주택문화에 대해 분석한 영어 동영상을 시청하게 하여 학생들이 외부 관찰자의 견해를 경험하게 한다.

■ 의의

- 주택문화와 주택의 기능에 대한 관점의 차이를 경험한다.
- 보편적으로 바람직한 주거문화에 대해 생각해 본다.

문화 이해를 통한 영어교육

06 Will you marry me?

■ 개요

세계 각국의 다양한 결혼식을 통해서 우리는 그 민족의 문화적 특징을 엿볼 수 있다. 특히, 전통적인 결혼식은 종교적 의식에 따르는 경우도 많아서 그 민족의 정신문화에 대해서도 알아볼 수 있다. 세계 각국의 결혼 문화를 관찰하고 분석한 후 자신은 어떤 결혼식을 하고 싶은지 이야기해본다.

■ 절차

[1] 학생들에게 영어권 국가의 결혼식 동영상을 보여준다. (필자는 수업시간에 영화 <Love Actually ... Is All Around>의 결혼식 장면을 보여주고 본 활동을 진행한다. https://www.youtube.com/watch?v=m_2q1rclwNE)

[2] 학생들은 시청한 결혼식 절차를 flowchart로 작성한다.

[3] 학생들은 한 번 더 동영상을 시청하면서 대화 지문의 빈칸 채워 넣기 등의 활동을 한다.

[4] 교사는 학생들에게 시청한 결혼식이 어떤 점이 마음에 들었는지 아닌지 등에 관해 물어본다.

[5] 교사는 우리나라 결혼식 문화의 장단점에 대해 학생들과 의견을 나눈다.

[6] 학생들은 자신의 결혼식 과정을 영어 flowchart로 작성한다.

[7] 자신의 결혼식의 청첩장을 영어로 작성한 뒤 발표한다.

■ 응용

본 활동에는 영어권 국가의 결혼 문화를 다루었으나, 한국을 포함한 세계 여러 나라의 전통적인 결혼식을 찾아 소개하고 각국의 결혼 문화의 기원을 조사하는 방식으로 활동을 구성할 수 있다. 또한, 결혼식 전후 행사를 포함한 활동을 설계할 수도 있다.

■ 의의

- 각국의 혼례문화를 통해 그 민족의 결혼에 대한 관념을 알아본다.
- 각자 자신의 결혼에 대해 생각해 보고 사랑에 대한 건전한 인식을 함양한다.

V. 문화 소재 영어수업활동

07 Rest in peace

■ 개요

장례식은 삶의 마지막을 장식하는 행사이므로 각 민족은 독특한 장례식 전통을 가지고 있다. 우리나라와 서양의 장례식 문화는 유사하면서도 사람들의 행위와 의식은 다른 점이 많다. 우리나라와 영어권 국가의 장례식을 관찰하고 관련된 문화의식을 알아본다. 본 활동은 가능하면 성인 학습자를 대상으로 한다.

■ 절차

[1] 학생들에게 영어권 국가의 장례식 동영상을 보여준다. (필자는 수업시간에 영화 <Love Actually ... Is All Around>의 장례식 장면을 보여주고 본 활동을 진행한다. https://www.youtube.com/watch?v=9tJbXSiuRdE)
[2] 학생들은 시청한 장례식 절차를 flowchart로 작성한다.
[3] 학생들은 한 번 더 동영상을 시청하면서 지문의 빈칸 채워 넣기 등의 활동을 한다.
[4] 교사는 학생들에게 시청한 장례식이 어떤 점이 마음에 들었는지 아닌지 등에 관해 물어본다.
[5] 교사는 우리나라 장례식 장면을 보여주고 우리나라 장례식 문화의 장단점에 대해 학생들과 의견을 나눈다.
[6] 학생들은 자신의 장례식 과정을 영어 flowchart로 작성한다.
[7] 학생들은 영어 부고(obituary)를 읽고 자신의 부고를 영어로 작성 후 발표한다.

■ 응용

본 활동에는 영어권 국가의 결혼 문화를 다루었으나, 세계 여러 나라의 전통적인 장례식을 찾아 소개하고 각국의 장례 문화의 기원을 조사하는 방식으로 활동을 구성할 수 있다. 또한, 장례식 전후 행사들, 예를 들어 제사나 49제 등과 같은 주제를 포함해서 활동을 설계할 수도 있다.

■ 의의

- 각국의 장례 문화를 통해 그 민족의 죽음에 대한 관념을 알아본다.
- 각자 자신의 삶을 되돌아보고, 죽음에 대한 건전한 태도를 취한다.

08 My school, my classes

■ 개요

학교는 교육의 장소이자 교육에 대한 관념이 잘 파악될 수 있는 문화 현장이기도 하다. 학교는 문화권별로 공간, 수업체계, 급식, 교복 등에서 큰 차이를 보이며 우리나라 학생들의 흥미를 이끌 수 있는 소재이다. 학교 문화를 관찰하고 교육에 대한 각국의 인식의 차이도 또한 알아볼 수 있다.

■ 절차

[1] 학생들에게 영어권 국가의 학교 수업 동영상을 보여준다.
[2] 학생들을 조별로 구성하고 각 조원은 영상에서 본 수업, 교실, 교사나 학생의 태도 등의 특징들을 각각 담당하여 기록한 후 조원들과 공유한다.
[3] 학생들은 다시 동영상을 시청하면서 지문의 빈칸 채워 넣기 등의 활동을 한다.
[4] 교사는 학생들에게 시청한 수업이 어떤 점이 마음에 들었는지 아닌지 등에 관해 물어본다.
[5] 교사는 영어권 학교 수업시간표를 보여주고 학교 교육과정에 관해 설명한다.
[6] 학생들은 자신이 원하는 수업시간표를 영어로 작성하고 발표한다.
[7] 학생들은 한국의 교육과 영어권 국가의 교육과의 차이와 관련된 주제를 하나 정하여 조사한 후 발표한다.

■ 응용

본 활동에는 영어권 국가의 교실 수업 문화를 다루었으나, 학교의 공간적 특징이나 방과 후 활동들을 주제로 수업을 진행할 수도 있다. 또한, 유튜브 등에서 자신의 학교를 소개하는 동영상을 찾아 시청하고 영상의 텍스트를 읽기 자료로 활용하여 영어 읽기 수업을 진행할 수 있다.

■ 의의

• 각국의 학교 문화를 경험하고 교육에 대한 인식의 차이를 알아본다.
• 각자 우리나라 교육의 문제점을 인식하고 개선 방향에 대해 생각해 본다.

V. 문화 소재 영어수업활동

09　Cultural differences

■ 개요

외국인과의 만남은 긴장과 설렘이 공존하는 일이다. 외국인 친구를 사귀어 집에 초대해서 식사를 가족과 함께 하는 상황을 묘사한 영상을 보고, 일어날 수 있는 문화 갈등 상황을 관찰한다. 문화의 공유와 전파를 위해서 학생들은 어떤 태도를 취해야 하는지에 대해 생각해 본다.

■ 절차

[1] 학생들에게 영화 <Joyluck Club>에서 중국인 여성이 미국인 남자친구를 초대하여 자신의 가족과 함께 식사하는 상황을 묘사한 영상 클립을 보여준다.
　　https://www.youtube.com/watch?v=WhtjwGZlaew
[2] 학생들은 등장인물들의 특징을 정리하여 발표한다.
[3] 학생들은 다시 동영상을 시청하면서 지문의 빈칸 채워 넣기 등의 활동을 한다.
[4] 교사와 학생들은 갈등의 원인이 무엇인지에 대해 이야기 나눈다.
[5] 교사는, 영어권 사람들을 만나 소통할 때, 그들이 우리나라 문화에서 경험할 수 있는 오해에 관해 설명한다.
[6] 학생들은 짝을 이루어 영어권 사람과 한국인이 서로 오해를 풀어가는 과정의 짧은 영어 대화를 작성한 후 발표한다.

■ 응용

본 활동에서는 영어권 사람들과의 문화 갈등을 다루었으나, 이를 확대해서 아시아나 유럽의 다른 문화권 사람 간, 혹은 그들과 한국인 간의 문화 갈등을 주제로 다룰 수 있다. 또한, 영상뿐만 아니라 관련된 텍스트를 읽고 유사한 활동을 할 수 있다.

■ 의의

- 외국인과의 소통에서 발생할 수 있는 문화 갈등에 대해 생각해 본다.
- 가능한 오해와 갈등을 해결하는 과정을 관찰하고 경험한다.

문화 이해를 통한 영어교육

10 Isn't that a prejudice?

■ 개요

외국인의 국적 또는 피부색에 따라 사람들은 편견을 갖는다. 편견이 심해지면 인종차별이라는 심각한 문제를 경험할 수 있다. 다문화 사회인 미국의 인종차별 문제를 관찰하고, 객관적이고 비판적인 시각에서 우리나라의 상황도 알아본다.

■ 절차

[1] 학생들에게 영화 <Joyluck Club>에서 중국인 여성이 미국인 남자친구 집을 방문하여 남자친구 가족들과 대화하는 영상 클립을 보여준다.
    https://www.youtube.com/watch?v=ucTdm33R_wA
[2] 학생들은 등장인물들의 특징을 정리하여 발표한다.
[3] 학생들은 다시 동영상을 시청하면서 지문의 빈칸 채워 넣기 등의 활동을 한다.
[4] 교사와 학생들은 갈등의 원인이 무엇인지에 대해 이야기 나눈다.
[5] 학생들은 미국의 인종차별 문제에 대한 짧은 텍스트를 읽고, 읽기 활동을 한다.
[6] 교사는 학생들에게 인종별 사진을 보여주고 친구로 사귀고 싶은 상대방을 선택하게 한다.
[7] 사진 선택 이유에 대해 서로 이야기한다.

■ 응용

본 활동에서는 인종과 관련된 차별을 다루었으나 사회경제적 수준의 차이나 외모, 또는 출신 지역의 차이로 인한 차별 등의 주제로 바꾸어 유사한 활동을 할 수 있다. 반드시 편견을 어떻게 극복해야 하는지에 대한 텍스트나, 우리 자신이 편견의 주체가 되지 않으려고 노력해야 한다는 내용의 텍스트를 영어로 읽고 토론한다.

■ 의의

- 편견과 차별로 인한 문화 갈등에 대해 생각해 본다.
- 편견에서 벗어나고 차별을 하면 안 된다는 의식을 배양한다.

V. 문화 소재 영어수업활동

11 What's so fun about it?

■ 개요

세계 여러 나라는 나름대로의 전통적인 놀이를 가지고 있다. 중국의 달걀 세우기, 프랑스의 페텅크(petnque), 필리핀의 티니클링(tinikling) 등 우리나라 사람들에게는 낯선 놀이들이 많이 있다. 놀이들을 소개하고 문화적 보편성에 대해 알아보는 시간을 갖는다.

■ 절차

[1] 학생들에게 필리핀의 전통 놀이인 티니클링을 소개한 위키피디아의 영어 글을 텍스트로 제공하여 읽기 활동을 한다. https://en.wikipedia.org/wiki/Tinikling

[2] 이어서 티니클링을 소개한 영어 동영상을 시청하면서 적절한 듣기 활동을 한다.
   https://www.youtube.com/watch?v=UrSgRKhzjJ8

[3] 교사는 티니클링에 대한 유래를 설명해준다.

[4] 학생들은 티니클링 하는 방법을 영어로 작성하게 한다. 이때, 교사는 학생 수준에 따라 일부를 작성하게 하거나 전체를 작성하게 할 수 있다.

[5] 학생들에게 우리나라의 고무줄놀이 영상을 보여준 뒤, 티니클링과 고무줄놀이 간의 차이에 관해 이야기하게 한다.

[6] 학생들은 우리나라의 고무줄놀이하는 방법을 개인별로 또는 조별로 영어로 작성하게 한다.

■ 응용

티니클링 이외에 세계 각국의 놀이 중 다른 것을 선택하여 위와 같은 활동을 할 수 있는데, 이 경우, 우리나라에 그것과 유사한 놀이가 있는 것을 택하는 것이 좋다. 또한, 세계 각국의 대표적인 놀이를 전체적으로 소개한 짧은 텍스트를 이용하여 읽기 활동을 할 수 있다.

■ 의의

- 외국의 놀이문화를 경험하면서 문화적 보편성에 대해 생각해본다.
- 놀이에 담겨있는 민족의 문화의식을 이해한다.

문화 이해를 통한 영어교육

12 The Super Bowl

■ 개요

럭비와 축구는 영국이 기원인 스포츠이다. 이 두 종목에서 유래한 미국화된 미식축구는 영국식 축구나 럭비와는 매우 다른 모습을 보인다. 미식축구의 방법과 유래를 알아보고 기저의 문화의식에 대해 탐구한다.

■ 절차

[1] 학생들은 미식축구를 설명하는 영상을 시청한다.
   https://www.youtube.com/watch?v=3t6hM5tRlfA
[2] 이어서 미식축구의 유래를 소개하는 영상을 시청한다.
   https://www.youtube.com/watch?v=JX1BqLQ4HaA
[3] 두 영상을 시청하면서 적절한 듣기 활동을 한다.
[4] 학생들에게 미식축구가 미국문화에서 어떤 의미가 있는지를 간접적으로 알 수 있는 영화 일부분을 보여준다.
   https://www.youtube.com/watch?v=iYoWRPfdzwc
[5] 또는 미국문화에서 미식축구가 어떤 의미를 갖는지를 소개한 텍스트를 이용하여 읽기 활동을 한다.
[6] 교사는 학생들에게 미식축구에 담겨있는 문화의식을 소개한다.
[6] 학생들은 우리나라에서 인기있는 스포츠에 대해 이야기하고, 각자 좋아하는 종목에 대해 영어로 짝과 대화한다. What's your favorite sport/team/player?

■ 응용

스포츠는 관전의 대상이기도 하지만, 생활체육 측면에서 개인이 직접 참여할 수 있다. 관전하는 것이 아니라 본인이 직접 하고 싶은 운동 종목을 개별적으로 선택해서 위의 세부 활동 중에 일부를 이용하여 유사하게 수업활동을 진행할 수 있다.

■ 의의

· 미국문화 중 가장 대중적인 스포츠에 대해 이해한다.
· 스포츠가 갖는 보편적인 문화 현상에 대한 인식을 확대한다.

V. 문화 소재 영어수업활동

13 Coffee or tea?

■ 개요

커피는 미국문화를, 차는 영국문화를 대표하는 식음료이다. 커피는 우리나라에서도 매우 인기 있는 음료이지만 차는 상대적으로 그렇지 않다. 두 음료의 기원과 현대문화에서의 의미를 살펴본다.

■ 절차

[1] 학생들은 커피를 재배하고 가공하고 소비하는 과정을 보여주는 영상을 시청한다.
　　https://www.youtube.com/watch?v=1qfjLCOXMMg
[2] 학생들은 차를 재배하고 가공하고 소비하는 과정을 보여주는 영상을 시청한다.
　　https://www.youtube.com/watch?v=vAi1qBV5n7I
[3] 미국문화에서 커피는 어떤 의미를 갖는지 텍스트를 이용하여 읽기 활동을 한다.
　　https://theculturetrip.com/north-america/usa/articles/a-brief-history-of-american-coffee-culture/
[4] 영국문화에서 차는 어떤 의미를 갖는지 텍스트를 이용하여 읽기 활동을 한다.
　　https://www.bbc.com/future/article/20160602-why-do-the-british-love-the-taste-of-tea-so-much
[5] 학생들은 문화별 커피와 차의 차이에 대해 조사, 발표한다.
[6] 교사는 학생들에게 커피와 차에 담겨있는 문화의식을 소개한다.
[7] 학생들은 자신이 좋아하는 커피나 차의 종류를 선택하고 만드는 법이나 음용하는 법을 영어 flowchart로 작성한다.

■ 응용

커피나 차뿐만 아니라 각국의 고유한 전통 음료들을 주제로 문화적 다양성을 인식시키는 활동을 이용해도 된다. 또한, 커피 외에 전 세계적으로 인기 있는 콜라와 같은 음료를 주제로 문화적 보편성에 관한 활동을 할 수 있다.

■ 의의

- 영어권 음식 문화 중 대중적인 기호식품에 대한 지식을 얻는다.
- 문화 간 소통에서 음료를 마시는 방식을 이해하고 원활한 소통을 한다.

문화 이해를 통한 영어교육

14 Festivals in the world

■ 개요

세계 각국에는 전통적인 문화를 반영하는 흥미로운 축제들이 있다. 영어권 나라의 축제들을 알아보고 축제에서 하는 전통적인 문화행위와 그 이면의 문화의식을 알아본다.

■ 절차

[1] 다음 웹사이트에서 소개하는 세계 20대 축제를 정리해서 학생들에게 간단히 소개한다. 이 단계는 적절한 영어 읽기 활동을 할 수 있다.

https://greenglobaltravel.com/best-festivals-in-the-world/

[2] 학생들을 조별로 나누고 조별로 참여하고 싶은 축제를 선택하게 한다.

[3] 각 조는 선택한 축제를 웹사이트를 통해 조사하여 전체 학급에 소개한다.

[4] 각 조의 축제들 중 학급 전체의 투표로 하나의 축제를 선택한다.

[5] 웹사이트에서 학급이 정한 축제를 소개하는 동영상을 찾아 전체 학급이 시청한다. 이 단계에서 적절한 영어 듣기 활동을 할 수 있다.

[6] 교사는 학생들에게 우리나라의 전통적인 축제들을 소개한다.

[7] 학생들은 우리나라의 전통적인 축제 중에 하나를 선택하여 외국인 친구를 초대하는 축제 초대장이나 안내장을 영어로 작성한다.

■ 응용

보다 창의적으로 조별로 축제를 기획하게 하는 활동도 바람직하다. 자기들만의 기념할만한 주제를 고안하여 축제 프로그램을 영어로 작성하고 그 안에서 축제의 유래와 활동들을 만들어 외국인에게 영어로 소개하는 활동을 할 수 있다.

■ 의의

- 축제를 통해서 문화적 보편성과 다양성을 동시에 인식할 수 있다.
- 외국인에게 우리 문화를 영어로 알리는 기회를 가진다.

V. 문화 소재 영어수업활동

15 Public holidays

■ 개요

나라마다 역사적 사건을 기념하는 기념일이 있다. 기념일의 유래와 기념일에 하는 활동 등을 알아보고 문화 배경을 이해하는 기회를 갖는다.

■ 절차

[1] 미국의 기념일 목록을 학생들에게 소개한다.
    https://en.wikipedia.org/wiki/Public_holidays_in_the_United_States
[2] 학생들을 조별로 나누고 조별로 하나의 기념일을 선택하게 한다.
[3] 각 조는 선택한 기념일을 웹사이트를 통해 조사하여 전체 학급에 소개한다.
[4] 각 조의 기념일 중 학급 전체의 투표로 가장 흥미 있는 기념일을 선택한다.
[5] 웹사이트에서 학급이 정한 기념일을 소개하는 동영상을 찾아 전체 학급이 시청한다. 이 단계에서 적절한 영어 듣기 활동을 할 수 있다.
[6] 교사는 학생들에게 우리나라의 기념일을 소개한다.
[7] 학생들은 미국 기념일과 우리나라 기념일에 대한 대조표를 만들어 비교한다.
[8] 조별로 우리나라에만 있는 기념일을 하나 선택하여 외국인 친구에게 소개하는 영어 Wiki 제작 프로젝트를 진행한다.

■ 응용

미국의 기념일뿐만 아니라 세계 여러 나라 중 조별로 한 나라를 골라 그 나라의 기념일을 영어로 소개하는 활동을 할 수 있다. 또는, 학생 개인별로 자신들만의 기념일을 정하고 그 이유와 행사나 활동을 소개하는 글을 영어로 작성할 수 있다.

■ 의의

- 각국의 유사한 기념일은 보편적 문화의 반영이고, 유사하지 않은 기념일은 문화차이를 보여준다.
- 외국인에게 우리나라의 기념일을 영어로 알리는 연습을 한다.

16 City parks

■ 개요

공원은 자연적인 환경과 인공적인 작업이 교차하는 공간이다. 20세기에 나라 혹은 도시마다 대표적인 공원이 조성되었고 문화적인 특성이 서로 다르다. 각국의 공원 문화를 살펴보고 문화적 차이를 알아본다.

■ 절차

[1] 영국 런던 Hyde Park, 미국 뉴욕 Central Park을 소개하는 영상을 시청한다.
    Hyde Park https://www.youtube.com/watch?v=mHDDBgr2mMQ
    Central Park https://www.youtube.com/watch?v=N4n5MYfu0iQ
[2] 영상을 시청하며 적절한 듣기 활동을 하거나 영상 텍스트를 이용하여 읽기 활동을 한다.
[3] 학생들에게 영어로 작성된 두 공원의 안내지도를 나누어 준 뒤, 영어로 길을 물어보고 목적지를 찾는 활동을 한다.
[4] 교사는 두 공원의 유래와 특징을 설명한다.
[5] 학생들은 본인 거주지역 근처의 공원에 대해 조사, 발표한다.
[6] 학생들은 본인 거주지역 근처 공원을 소개하는 간단한 안내를 영어로 작성한다.
[7] 학생들은 외국의 공원과 한국의 공원의 차이에 관해 이야기한다.

■ 응용

공원 대신 광장이나 박물관 등의 시설들을 주제로 위의 수업활동을 진행할 수 있다. 영국과 미국뿐만 아니라 세계 각국의 특이한 공원을 학생들에게 소개하고 나라별 공원의 차이를 인지할 수 있는 학습활동을 할 수 있다.

■ 의의

- 물리적 공간이 문화의 특징을 잘 반영함을 알게 된다.
- 공간 문화의 구조적 특징과 문화의식을 고찰한다.

17　Music is my life

■ 개요

음악은 인간의 감성을 표현하는 훌륭한 수단이다. 누구나 보편적으로 감동을 받는 멜로디, 리듬, 화성 등이 있지만, 민족별로 같은 장르라고 해도 다른 음악적 특성을 갖는다. 영어권의 대중음악과 K-pop 음악에 대해 알아본다.

■ 절차

[1] 학생들에게 영어로 작성된 미국 대중음악의 간략한 연대기를 보여주고 시기별 인기 장르를 소개한다.
　　　https://www.youtube.com/watch?v=xczcnuW3u48
[2] 학생들을 조별로 나누어 미국 대중음악의 장르를 할당한다.
[3] 학생들에게 할당된 장르 각각의 대표적인 노래들을 들려준다.
[4] 조별로 각 장르의 노래 영어 가사를 활용하여 영어 듣기나 읽기 활동을 한다.
[5] 각 조는 할당된 장르의 기원과 특징에 대해 조사, 발표한다.
[6] 학생들은 각자 자기가 제일 좋아하는 한국 노래를 선택한다.
[7] 선택한 노래의 가사를 영어로 옮기고 자신이나 친구가 영어로 부른 것을 녹음해서 들려준다.

■ 응용

K-pop을 다루는 웹사이트를 찾아서 관련 내용을 가지고 동영상 시청 후 듣기 활동, 또는 텍스트 읽기 활동들을 한다. 또는, 한국 노래 가사의 영어 번역이 아니라 학생들이 한국 노래에 영어 가사를 운율에 맞게 창작해서 불러볼 수 있다.

■ 의의

- 동서양 음악의 장르별 인기를 파악하여 음악 소재 대화를 영어로 나눌 수 있다.
- 한류 문화의 국제화 가능성을 염두에 두고 문화 전파자의 역량을 가지게 된다.

18 The English language

■ 개요

영어는 인도유럽어족에 속하는 언어로서 고대 독일어의 후손이다. 학생들은 영어의 기원과 변천 과정에 대해 알아보고, 이와 관련된 역사적 사건들을 조사하여 영국 역사를 개괄적으로 파악한다.

■ 절차

[1] 웹사이트에 게시된 영어의 어족(language family)의 그림을 학생들에게 보여주며, 영어의 조상언어와 계통에 관해 설명한다.
http://www.essential-humanities.net/history-supplementary/indo-european-languages/

[2] 학생들은 조별로 나누고 영어의 역사와 관련된 다음 사건이나 인물들을 간략히 묘사한 영어 텍스트를 나누어 주고 적절한 읽기 활동을 한다.
- The Germanic invasions of Britain
 https://www.uni-due.de/SHE/HE_GermanicInvasions.htm
- The Norman conquest
 https://www.bbc.co.uk/bitesize/guides/zsjnb9q/revision/1
- William Shakespeare
 https://en.wikipedia.org/wiki/William_Shakespeare
- William Caxton
 http://www.bbc.co.uk/history/historic_figures/caxton_william.shtml

[3] 학생들과 각 사건이나 인물이 영어의 역사에 미친 영향에 대해 함께 이야기한다.
[4] 조별로 영어 변천 연대기를 flowchart로 작성한 후, 다른 조의 것과 비교해본다.

■ 응용

발음이나 구문에 있어서 미국영어와 영국영어의 차이에 대해 알아보거나, 미국영어의 지역적 방언, 인종적 방언, 계층적 방언에 관한 흥미로운 사실들을 소개한다.

■ 의의

• 학습 대상인 영어의 유래와 변천 과정에 대해 알게된다.
• 언어의 구조적 특징과 보편적 패턴에 관해 살펴본다.

V. 문화 소재 영어수업활동

19 What happened?

■ 개요

문화를 이해하기 위해서는 그 매개체인 언어가 필수적이 요소이지만, 본 활동에서는 학생들이 언어가 없이 문화 현상을 관찰하여 추론한 뒤, 언어입력을 제공 받고 자신의 추론과 비교하면서 문화 이해과정을 깨닫게 된다.

■ 절차

[1] 영어권 국가의 가정이나 학교 상황을 무대로 한 시트콤의 영상 클립을 학생들에게 음소거하고 보여준다. (개인적으로는 <The Big Bang Theory>를 추천한다. 이 시트콤은 액션이 잘 제시되어 음소거 시청을 해도 추론하기에 그리 어렵지 않은 장면들이 많다.)

[2] 학생들은 음소거 시청후 문화 산물과 행위 등을 기준으로 영상에 대해 서로 이야기 나눈다.

[3] 학생들은 조별 활동으로 영상 등장인물의 대사를 완성한다. 완성된 대화를 조별로 발표한다. 이때, 조별로 단서가 되었던 사항들을 이야기한다.

[4] 동일한 영상 클립을 음소거를 해제한 후 학생들에게 들려준다. 이때, 적절한 영어 듣기 활동을 한다.

[5] 학생들은 자신들이 제작한 대화 대본과 영상의 대화 텍스트를 비교해서 읽고, 왜 차이가 나는지에 대해 서로 이야기한다.

■ 응용

본 활동에서 음소거 해제 후 보여준 영상에서 본 상황 다음의 상황에 대한 대화 시나리오 작성을 할 수 있다. 역시 벌어질 일에 대한 예측이므로 학생의 예측과 실제 뒤에 일어난 일의 영상을 보고 비교하는 과업을 수행할 수 있다.

■ 의의

• 영어권 문화의 일상에서 벌어지는 일들을 관찰한다.
• 학생들이 이 활동 후, 스스로 재밌는 영어권 시트콤을 시청하도록 유도할 수 있다.

20 A news English dictionary

■ 개요

뉴스는 정보, 사건, 일상, 의견 등을 전달한다. 따라서 영어로 작성된 뉴스 글을 읽거나 시청하는 것은 단순히 영어를 학습하는 것을 넘어서 영어권 문화의 산물, 행위, 의식 등을 생생하게 접하는 것이다. 영어 뉴스를 이해하기 위해서는 어휘 지식이 필수적인데, 뉴스를 읽고 자기만의 시사용어 사전을 만든다.

■ 절차

[1] 특정 주제에 대한 영어 뉴스 기사글을 선별해서 학생들에게 나누어 준다. 이때, 조별로 각기 다른 언론사의 기사를 나누어 준다.

[2] 학생들은 기사를 읽으며 적절한 읽기 활동을 수행한다.

[3] 학생들은 조별로 읽은 기사에서 의미를 모르는 단어들의 리스트를 만들고, 추측한 의미를 단어 리스트에 기록한다.

[4] 학생들은 단어의 의미를 찾아 리스트를 완성한다. 이때, 추측한 의미 옆에 사전에서 찾은 의미를 함께 기록한다.

[5] 조원들은 리스트의 단어를 나누어 갖고 그 단어들을 활용해서 문장 영작을 한다.

[6] 조별로 읽은 기사에서 다룬 유사한 주제에 대해 영어 기사를 작성한다. 이때, 학습한 단어들을 반드시 활용해야 한다.

■ 응용

특정 주제에 대한 뉴스 글을 우리나라 신문과 영어권 신문에서 발췌하여 읽고 논점이나 관점의 차이를 확인한다. 이때에도 뉴스 시사 어휘목록을 작성하게 하며, 한국 신문에서 발췌한 글을 영어로 옮기는 연습도 할 수 있다.

■ 의의

- 영어권 뉴스를 접하면서 시사적인 영어 어휘를 학습한다.
- 학생들이 이 활동 후, 영어 뉴스를 학습을 위해 정기적으로 시청하도록 유도할 수 있다.

:: 문화소재영어교육 —— **참고문헌**

김동주. (2019). 개별화된 문화실증주의: 보아스(F. Boas)의 문화 개념과 인류학 방법론에 대한 일고찰. 한국문화인류학, 52(2), 47-100.

김지인. (2017). 문장 성분 간 거리에 따른 시제 표지 처리과정에 대한 청년층 및 노년층의 ERP 성분 비교 분석. 석사학위 논문. 이화여자대학교 대학원.

미셸 푸코 저, 이규현 역. (2003). 광기의 역사. 서울: 나남출판.

미셸 푸코 저, 고광식 역. (2006). 감시와 처벌. 서울: 다락원.

로버트 워드나우, 제임스 데이비슨 헌터, 앨버트 버지슨 저, 최샛별 역. (2009). 문화분석: 피터버거, 메리 더글러스, 미셸 푸코, 위르겐 하버마스의 연구. 서울: 한울아카데미.

유제분. (1996). 메리 더글러스이 오염론과 문화이론. 현상과인식, 2(3), 47-63.

이상엽. (2004). 문화, 문화학, 문화철학. 사회와 철학 7, 53-83.

위르겐 하버마스 저, 장춘익 역. (2006). 의사소통 행위이론 1, 2. 서울: 나남출판.

정상원. (2018). van Manen의 해석학적 현상학의 방법론적 탐구. 질적탐구 4(1), 1-30.

한국문화인류학회. (2003). 처음 만나는 문화인류학. 서울: 일조각.

American Psychiatric Association. (2013). *Diagnostic and statistical manual of mental disorders* (5th edition). Arlington, VA: American Psychiatric Publishing.

Arends-Tóth, J. V., & van de Vijver, F. J. R. (2006). Issues in conceptualization and assessment of acculturation. In M. H. Bornstein & L. R. Cote (Eds.), *Acculturation and parent-child relationships: Measurement and development* (pp. 33-62). Mahwah, NJ: Lawrence Erlbaum.

Austin, J. L. (1975). *How to do things with words.* Cambridge, MA: Harvard University Press.

Barna, L. M. (1997). Stumbling blocks in intercultural communication. In L. Samovar and R.

Porter (Eds.), *Intercultural communication: A reader* (pp. 370-379). Belmont, CA: Wadsworth.

Barron, A. (2003). *Acquisition in interlanguage pragmatics: Learning how to do things with words in a study abroad context*. Amsterdam, The Netherlands: John Benjamins Publishing Company.

Bennett, J. M. (1993). Cultural marginality: Identity issues in intercultural training. In R. M. Paige (Ed.), *Education for the intercultural experience* (pp. 109-135). Yarmouth, ME: Intercultural Press.

Berger, P. L. (1966). *The social construction of reality: a treatise in the sociology of knowledge*. Garden City, NY: Anchor.

Berry, J. W. (1997). Immigration, acculturation and adaptation. *Applied Psychology: An International Review, 46*, 5-34.

Blumer, H. (1969). *Symbolic interactionism: perspective and method*. Englewood Cliffs, NJ: Prentice-Hall.

Byram, M. (1997). *Teaching and assessing intercultural communicative competence*. Clevedon, UK: Multilingual Matters.

Byram, M. (2009). The intercultural speaker and the pedagogy of foreign language education. In D. K. Deardorff (Ed.), *The Sage Handbook of Intercultural Competence* (pp.321-332). London: Sage.

Byram. M., & Fleming, M. (1998). *Language learning in intercultural perspective: Approaches through drama and ethnography*. Cambridge: Cambridge University Press.

Canale, M & Swain, M. (1980). Theoretical bases of communicative approaches to second language teaching and testing. *Applied Linguistics, 1*, 1-47.

Canale, M. (1983). From communicative competence to communicative language pedagogy. In J. C. Richards & R. W. Schmidt (Eds.), *Language and Communication* (pp. 2-27).

London: Longman.

Cacia, C., & Aiello, L. (2014). The cultural product: Intergration and relational approach. In L. Aiello (Ed.), *Handbook of Research on Management of Cultural Products: E-Relationship Marketing and Accessibility Perspectives* (pp.1-21). Hershey, PA: IGI Global.

Celenk, O., & Van de Vijver, F. J. R. (2011). Assessment of Acculturation: Issues and Overview of Measures. *Online Readings in Psychology and Culture, 8*(1). http://dx.doi.org/ 10.9707/2307-0919.1105.

Chomsky, N. (1965). *Aspects of the theory of syntax*. Cambridge, MA: The MIT Press.

Deardorff, D. K. (2006). Identification and assessment of intercultural competence as a student outcome of internationalization. *Journal of Studies in International Education, 10*, 241-266.

Douglas, M. (1966). *Purity and danger: An analysis for the concepts of pollution and taboo*. London: Routledge.

Galchenko, I. V., & van de Vijver, F. J. R. (2007). The role of perceived cultural distance in the acculturation of exchange students in Russia. *International Journal of Intercultural Relations, 31*, 181-197.

Garfield, S. (2016). Types of communities & enterprise social network groups: a TRAIL that COLLECTS. ttps://medium.com/@stangarfield/types-of-communities-enterprise-social-network-groups-a-trail- that-collects-77df73ec2c8f.

Gee, J. (1990). *Social linguistics and literacies: Ideology in discourses*. New York: Falmer Press.

Halliday, M. A. K. (1973). *Explorations in the Functions of Language*. London: Edward Arnold.

Halliday, M. A. K. (1975). *Learning How to Mean*. London: Edward Arnold.

Halliday, M. A. K. & Hasan R. (1976). *Cohesion in English*. London: Longman.

Hanks J. (2012). Importance of cultural products in our culture, Published on SelfGrowth.com Retrieved July, 25, 2013, from (http://www.selfgrowth.com). Source URL:http://www.selfgrowth.com/articles/importance-of-cultural-products-in-our-culture-0.

Harrison, M. (1987). *Food and Evolution: Towards a Theory of Human Food Habits.* Philadelphia, PA: Temple University Press.

Hofstede, G. (1984). National cultures and corporate cultures. In L. A. Samovar & R. E. Porter (Eds.), *Communication Between Cultures* (pp. 323-338). Belmont, CA: Wadsworth.

Hofstede, G. (1986). Cultural differences in teaching and learning. *International Journal of Intercultural Relations,* 10, 301-320.

Hofstede, G. (1991). *Cultures and Organizations Software of the Mind.* London: McGraw-Hill.

Hymes, D. H. (1972). On communicative competence. In J. B. Pride & J. Holmes (Eds.), *Sociolinguistics* (pp.269-293). Baltimore: Penguin Education, Penguin Books Ltd.

Jakobson, R. (1960). Closing Statement: Linguistics and Poetics. In T. Sebeok, (Ed.), *Style in Language* (pp. 350-377). Cambridge, MA: MIT Press.

Jandt, F. E. (2001). *Intercultural communication: An introduction* (3rd ed). Thousand Oaks, CA: Sage Publications.

Keles, Y. (2013). What intercultural communication barriers do exchange students of Erasmus Program have during their stay in Turkey, Mugla?. *Procedia - Social and Behavioral Sciences 70,* 1513 – 1524.

Khosravizadeh, P. & Sadehvandi, N. (2011). Some instances of violation and flouting of the Maxim of Quantity by the main characters (Barry & Tim) in dinner for Schmucks. *2011 International Conference on Languages, Literature and Linguistics IPEDR vol. 26.* (pp.122-127). Singapore: IACSIT Press.

Kim, Y. Y. (1988). *Communication and cross-cultural adaptation*. New York: Multilingual Matters.

Lambert, W. (1967). A social psychology of bilingualism. *The Journal of Social Issues, 23*, 91-109.

Malotki, E. (1983). *Hopi Time*. Berlin: Mouton

Modrak, D, W. (2001). *Aristotle's Theory of Language and Meaning*. Cambridge: Cambridge University Press.

Newmeyer, F. J. (2000). *Language Form and Language Function*. London: The MIT Press.

Nisbett, R. (2003). *The Geography of Thought: How Asians and Westerners Think Differently...and Why*. New York: Free Press.

Orwig, C. (1999). *Common purposes of functions of language*. Dallas, TX: Summer Institute of Linguistics.

Pinker, S. (1994). *Language Instinct*. New York: William Morrow and Company.

Redfield, R., Linton, R., & Herskovits, M. J. (1936). Memorandum for the study of acculturation. *American Anthropologist, 38*, 149-152.

Ruiz, M. R. & Spínola, N. O. V. (2019). Improving the intercultural communicative competence of English language students. *Journal of Intercultural Communication 49*. Available at http://immi.se/intercultural/nr49/ruiz.html.

Samovar, L. A., Porter, R. E., and Stefani, L. A. (1998). *Communication between cultures* (3rd ed.). Belmont, CA: Wadsworth.

Searle, J. A. (1975). Indirect speech acts. In P. Cole and J. L. Morgan (Eds.), *Syntax and Semantics 3: Speech Acts* (pp. 59-82). New York: Academic Press.

Snauwaert, B., Soenens, B., Vanbeselaere, N., & Boen, F. (2003). When integration does not necessarily imply integration: Different conceptualizations of acculturation orientations lead to different classifications. *Journal of Cross-Cultural Psychology, 34*, 231-239.

Storey, J. (1993). *Introductory guide to cultural theory and popular culture*. New York: Harvester/Wheatsheaf.

Sugawara, Y. (1993). *Silence and avoidance: Japanese expatriate adjustment*. M.A. thesis, California State University at San Bernardino. Theses Digitization Project. 682. https://scholarworks.lib.csusb.edu/etd-project/682.

Szuba, A. (2016). *The intercultural communicative competence of young children in a bilingual education setting*. M.A. thesis, Radboud University Nijmegen.

The Economist. Friday February 6th 2015, Economist Debates. Language: This house believes that the language we speak shapes how we think.

Turner, J. H. (1988). Cultural analysis and social theory. *American Journal of Sociology, 94*(3), 637-643.

Tylor, E. (1871). *Primitive culture: Research into the development of mythology, philosophy, religion, art, and custom*. London: John Murray.

van Manen, M. (1990). *Researching lived experience: Human science for an action sensitive pedagogy*. London: Routledge.

Venkatesh, A. (2006). Arts and aesthetics: Marketing and cultural production. *Marketing Theory 6*(1), 11-39.

Widdowson, H. G. (1983). *Learning Purpose and Language Use*. Oxford: Oxford University Press.

Williams, R. (2001). *The long revolution*. Ochard Park, NY: Broadview Press.

Wuthnow, R., Hunter, J. D., Bergesen, A. J., & Kurzweil, E. (2012). *Cultural analysis: The work of Peter L. Berger, Mary Douglas, Michel Foucault, and Jurgen Habermas*. London: Routledge.

:: 문화소재영어교육 —— **찾아보기**

(ㄱ)
가치 ·· 120
간문화성 ···································· 71
갈등이론 ······························· 18, 29
개인주의 ···································· 29
개인중심 ···································· 78
격률 ·· 56
경험 중심 ·································· 79
경험적 학습 ······························· 98
고정관념 ···································· 86
과일반화 ···································· 45
관계중심 ···································· 78
관련성의 격률 ··························· 56
권력 거리 ·································· 28
기능주의 ···································· 17
기어트 홉스테드 ······················· 15

(ㄴ)
남성성 ······································· 32
내부경험자 ························ 65, 121
노엄 촘스키 ······························· 44

논리 중심 ···································· 79

(ㄷ)
단기 지향 ·································· 33
담화 능력 ·································· 70
담화분석 ···································· 53
담화응집성 ································ 55
대상물 다루기 ························· 112
대화분석 ···································· 55

(ㄹ)
레라 보로디츠키 ······················· 48
레이먼드 윌리엄스 ··················· 14
로만 야콥슨 ······························· 41

(ㅁ)
마이클 바이람 ··························· 72
마이클 할러데이 ······················· 42
맹모삼천지교 ···························· 46
메리 더글라스 ··························· 23
문법 능력 ·································· 70

문학 ·· 108
문화 ······································ 13, 15
문화 빙산 ································· 100
문화 속성 ·································· 17
문화 현상 ···························· 140, 141
문화간 의사소통 능력(Intercultural
　　Communicative Competence;
　　ICC) ······································ 71
문화개인 ······························ 129, 136
문화개인(cultural persons) ········· 100
문화경험 ································· 139
문화동화 ··································· 90
문화산물(cultural products)　100, 101, 133
문화의식(cultural perspectives) ·· 120, 135
문화적 정체성 ··························· 130
문화적응 ··································· 88
문화적응 방향 ····························· 89
문화적응 성과 ····························· 89
문화적응 이론 ····························· 88
문화적응 조건 ····························· 89
문화집단 ······························ 126, 136
문화집단(cultural communities) ········ 100
문화학 ······································ 21
문화행위 ································ 111, 134
문화행위(cultural practices) ·········· 100
문화활동 ································· 138

미셸 푸코 ··································· 24

(ㅂ)

발화력 ······································ 51
발화수반력 ································ 52
발화수반행위 ····························· 51
발화행위 ··································· 51
발화효과력 ································ 52
발화효과행위 ······················· 51, 52
방법의 격률 ································ 57
벤자민 리 워프 ··························· 47
부분 강조 ·································· 78
불안감 ······································ 84
불확실성의 회피 ························· 31
비언어적 소통 ····························· 87
비판 이론 ·································· 25

(ㅅ)

사피어-워프 가설 ······················· 46
사회언어학적 능력 ······················ 70
삶의 기록 ································· 117
상징적 상호작용이론 ··················· 19
생성문법이론 ····························· 44
수행동사 ··································· 52
순서 관계 ·································· 40
스토리텔링 ································ 59

시나리오 ······ 115
신경언어학 ······ 50
신념 ······ 120
심리언어학 ······ 48

(ㅇ)

양의 격률 ······ 56
언어 ······ 87
언어 행위 ······ 50, 134
언어 활동 ······ 41
언어개별주의 ······ 46
언어결정주의 ······ 47
언어기능 ······ 42
언어능력(competence) ······ 69
언어상대주의 ······ 47
언어수행능력(performance) ······ 69
언어습득 ······ 49
언어의 정의 ······ 39
언어적 능력(linguistic competence) ······ 70
에드워드 사피어 ······ 47
에드워드 타일러 ······ 14
여성성 ······ 32
연결성(cohesion) ······ 54
예술 ······ 108
외부관찰자 ······ 65, 121, 122
위르겐 하버마스 ······ 25

의사소통 능력(communicative competence) ······ 70
의사소통 방식 ······ 119
이원적 체계 ······ 40
인공물 ······ 101
인도-유럽 어족 ······ 44
인지과학 ······ 48
인지심리학 ······ 48
일상적인 의사소통 ······ 114

(ㅈ)

자기평가 ······ 80, 82
자민족 중심주의 ······ 85
자유간접화법 ······ 65
장기 지향 ······ 33
장소/공간 ······ 104
적정조건 ······ 52
전략적 능력 ······ 70
전제 ······ 54
전체 관조 ······ 78
전통 ······ 106
제도 ······ 106, 107
제프리 초서 ······ 109
존 랭쇼 오스틴 ······ 51
준비조건 ······ 53
지각 ······ 120

질의 격률 ………………………… 56
집단주의 ………………………… 29
집합선택(계열) 관계 …………… 40

(ㅊ)
초기 구조주의 …………………… 24

(ㅋ)
캔터베리 이야기 ………………… 109
쿠우크 타아요르 ………………… 48
클라우드 레비스트로스 ………… 24

(ㅌ)
태도 ……………………………… 120

(ㅍ)
편견 ……………………………… 86
폴 그라이스 ……………………… 56
프란츠 보아스 …………………… 46

(ㅎ)
학습 동기 ………………………… 95
함축 ……………………………… 54
허버트 블러머 …………………… 19
현상학 …………………………… 22
호피어 …………………………… 47
화행 ……………………………… 51
후기 구조주의 …………………… 24

(기타)
action chain ……………………… 111
EGG(electroencephalography) …… 50
ERPs(Event Related Potentials) …… 50
f-MRI(Magnetic Resonance Imaging) ·· 50
savoirs …………………………… 73
St. Patrick's Day ………………… 96